AF359066

LES
POMPES FUNÈBRES
A PARIS

PAR

Henry TAUDIÈRE

Professeur à la Faculté libre de droit de Paris.

Extrait de la Revue de Science et de Législation financières

(OCTOBRE-NOVEMBRE-DÉCEMBRE 1906)

PARIS (5ᵉ)

V. GIARD & E. BRIÈRE

LIBRAIRES-ÉDITEURS

16, Rue Soufflot et 12, rue Toullier

1906

LES POMPES FUNÈBRES A PARIS

CONSÉQUENCES FINANCIÈRES DE LA LOI
DU 28 DÉCEMBRE 1904

L'émotion très vive et très légitime, suscitée par la loi du 9 décembre 1905 qui met fin au régime traditionnel d'union entre l'Eglise et l'Etat français, a détourné l'attention de la loi du 28 décembre 1904 abrogative du monopole des fabriques et consistoires en matière de pompes funèbres. Ce dernier texte pourtant rompait, lui aussi, avec une tradition séculaire. En réalité, comme déjà les lois des 19 novembre 1881 et 15 novembre 1887 sur la neutralité des cimetières et la liberté des funérailles, il s'inspirait de la volonté de « laïciser » tous les services publics en France ; il marquait dans cette voie une étape importante et M. Combes a pu dire non sans raison qu'il « avait préparé *admirablement* la séparation des Eglises et de l'Etat ».

Ce n'est cependant pas cette idée dominante de la loi de 1904 que nous voulons souligner et discuter dans cette étude. Nous n'entendons pas davantage reprendre après bien d'autres l'examen des motifs présentés pour justifier la suppression du monopole des fabriques et consistoires. Nous nous bornerons à dire qu'à nos yeux ils n'étaient nullement décisifs (1) et que la

---

(1) Même celui tiré de ce qu'on faisait payer tribut par les libres penseurs pour les convois civils à un service ayant un caractère confessionnel. Il y avait là pour

réforme, si « impatiemment attendue par les municipalités »,
au dire de M. Milliès-Lacroix (1), a été accueillie en fait avec
indifférence, que parfois les procédés d'exécution en ont été dure-
ment critiqués par les conseils locaux. L'objet de ce travail est
d'étudier la loi dans ses conséquences administratives et surtout
financières, en prenant pour cadre la ville de France la plus
populeuse, celle où les effets du changement de régime s'accusent le plus amplement.

L'intérêt de la question est sérieux et actuel. Il s'agit de la
municipalisation d'un service public et, nous le reconnaissons
volontiers, d'un de ceux qui se conçoivent le moins laissés à
l'industrie privée. Il importe d'en préciser les répercussions
financières par rapport aux budgets locaux et aux bourses des
particuliers dans un temps où le système des régies municipales
est ardemment prôné. Puis nous rencontrons ici un problème
singulier. Les fabriques et consistoires subissent évidemment un
préjudice du fait de la loi de 1904. Mais voici que les communes,
que le législateur voulait avantager pourtant, déclarent la
réforme coûteuse pour elles et prétendent faire retomber sur la
population le poids de ce surcroît de dépenses sous forme d'impôts nouveaux ou de relèvement des tarifs funéraires. D'où
provient un tel changement dans les produits d'un service tant
envié naguère aux établissements ecclésiastiques qu'il enri-
chissait ? La municipalisation en est-elle la cause unique, la
cause principale, ou du moins y contribue-t-elle ? A défaut des
fabriques et des communes, qui donc profitera de la loi de 1904 ?

Pour l'examen complet de la question, il nous faut rappeler
brièvement l'organisation ancienne du service à Paris, puis
signaler le régime provisoire créé au lendemain de la loi. Nous
verrons ensuite fonctionner le nouveau service municipal et la
comparaison s'imposera avec les errements antérieurs.

---

les titulaires du monopole une charge et non un profit. Les convois civils à Paris
(au nombre de 18,92 0/0 en 1902, 19,59 0/0 en 1903, 19,92 0/0 en 1904), ont repré-
senté une dépense nette de 317.868 francs, 313.788 francs et 294.054 francs pour
chacune de ces trois années.

(1) Rapport au Sénat (session extraordinaire de 1904. *J. Off. doc parl.* n° 144).

CHAPITRE PREMIER

LES POMPES FUNÈBRES A PARIS AVANT LA LOI DE 1904

§ Ier

Les règles relatives aux pompes funèbres, c'est-à-dire à l'ensemble des fournitures et cérémonies concernant les funérailles, y compris le transport des corps aux lieux de sépulture, avaient été posées naguère d'une façon générale par les décrets des 23 prairial an XII et 18 mai 1806. Sauf à devoir procéder gratuitement à l'inhumation des indigents, les fabriques catholiques avaient en la matière un monopole général et absolu, que limitait seulement un droit identique accordé aux consistoires protestants et israélites pour les funérailles de leurs seuls coreligionnaires. Nul enterrement, fut-ce celui d'un libre-penseur, ne pouvait légalement être soustrait à l'application du monopole ; toute immixtion d'un particulier dans ce service constituait une contravention de simple police passible des peines de l'art. 471, § 15, du Code pénal (Cass., 24 mars 1881, D. 81. 1. 331), en même temps que d'une poursuite en dommages-intérêts (Cass., 12 mai 1885, D. 86. 1. 20). L'autorité municipale demeurait investie, sous le contrôle du préfet et du sous-préfet, d'un pouvoir supérieur de police ; mais elle ne pouvait apporter aucune entrave, faire aucune concurrence aux fabriques dans l'exercice de leur droit. Ce monopole était d'ordre public et ne devait pas être interprété restrictivement (Rouen, 22 mars 1899, D. 99. 2. 390). Il s'étendait notamment de plein droit à tous les services anniversaires ou commémoratifs, fussent-ils demandés par une commune ou par l'Etat.

Au reste, les fabriques demeuraient libres de ne pas l'exercer et, en ce cas, les autorités municipales devaient pourvoir au transport des corps. De fait, le monopole ne fonctionnait en ces dernières années que dans 47 chefs-lieux de départements sur

86, dans 75 sous-préfectures sur 275 (1). Ailleurs, le maire pouvait réglementer le transport des cadavres, prescrire par exemple l'emploi d'un corbillard à l'exclusion de tout autre procédé (Cass., 8 janv. 1898, D. 99. 1. 615) ; mais il lui était interdit d'organiser le service, de créer un monopole de fait au profit de la commune ou d'un tiers. Spécialement était nul comme contraire à la loi des 2-17 mars 1791 et au principe de la liberté du commerce, partant dénué de toute sanction pénale, l'arrêté municipal concédant à un particulier à titre exclusif l'exploitation du service extérieur des pompes funèbres (Cass., 16 novembre 1899, S. 1900. 1. 64). Enfin jamais les fabriques ne pouvaient faire un abandon définitif de leur privilège : quelque longue qu'eût été leur abstention, si formelle qu'eût été même une renonciation expresse de leur part, il n'y avait toujours là qu'une situation précaire, les établissements ecclésiastiques demeurant libres de reprendre leur droit dès qu'ils le voudraient (Lyon, 28 avril 1903 ; Mâcon, 8 mars 1904).

Pouvant renoncer à toute application du monopole, les fabriques avaient *a fortiori* licence de le restreindre en fait. Elles étaient libres d'autoriser pour certains enterrements, à la demande d'une société de secours mutuels par exemple, l'emploi d'un matériel ne leur appartenant pas, tout en réclamant la même rétribution que si elles eussent fait elles-mêmes la fourniture (Circ. min. 25 octobre 1898). De plus, sauf à se réserver la partie essentielle du service, elles ont fort souvent abandonné volontairement à l'industrie privée telles ou telles fournitures de détail, d'un produit considérable parfois : voitures de deuil, lettres de faire-part, cierges, mixtures sanitaires et antiseptiques, fleurs et couronnes. Ici encore, les fabriques pouvaient toujours reprendre pour elles les fournitures négligées précédemment. Elles manifestaient cette intention en faisant inscrire les dits objets aux tarifs visés par les décrets de prair. an XII, art. 25, et mai 1806, art. 7, mais devaient obtenir l'autorisation du Préfet, après délibération des conseils municipaux,

(1) Voir le rapport de M. Milliès-Lacroix au Sénat (séances des 21 juin et 7 juil. 1904). De l'enquête faite par la commission sénatoriale, il résulte que sur 545 communes importantes consultées, 347 ignoraient absolument le monopole des fabriques.

pour pouvoir pratiquement poursuivre devant les tribunaux les industriels concurrents (*sic* pour les billets d'enterrement : Rouen, 31 janv. 1862 ; les cercueils : Paris, 21 novembre 1859 ; les mixtures sanitaires : Trib. Seine, 11 décembre 1890). En droit toutefois, ce n'était pas l'inscription aux tarifs officiels qui consacrait le monopole sur une fourniture donnée : il s'étendait même à celles non expressément prévues qui se référaient « à la décence ou à la pompe des funérailles » (Décr. prair. an XII, art. 22. Cass., 29 juillet 1873, D. 75. 1. 69) (1).

Au point de vue de l'exploitation du service, deux règles étaient posées par le décret du 18 mai 1806 : 1° des tarifs devaient être dressés pour les diverses fournitures ; 2° les fabriques étaient libres de choisir entre divers modes sauf à devoir, dans les villes, se réunir pour ne former qu'une entreprise.

1° Trois sortes de tarifs étaient prévues. Le *tarif diocésain*, dressé par l'évêque et réglé par le Gouvernement, précisait les honoraires dus aux ministres du culte et aux officiers du bas chœur pour leur assistance aux obsèques de toute personne non indigente. Le *tarif intérieur*, le plus compréhensif des trois, comprenait « toutes les fournitures nécessaires au service des morts dans l'intérieur de l'église et toutes celles relatives à la pompe des convois » (Décr. 1806, art. 7). Etabli par les fabriques sous réserve de l'approbation de l'évêque, il était, après avis du Conseil municipal, rendu obligatoire par le Chef de l'Etat ou le Préfet suivant les lieux. Enfin le *tarif extérieur*, délibéré par le Conseil municipal, était approuvé par le Préfet ou le Chef de l'Etat. Il avait trait au transport des corps et à l'inhumation ; on y faisait rentrer aussi les frais relatifs aux fosses, bières et cercueils. Dans les villes populeuses où le transport par voitures s'impose, une taxe fixe et invariable pour toutes les classes pouvait être établie au profit de la commune, frappant tous les convois hormis ceux des personnes absolument indigentes (2) et calculée de façon à couvrir, aussi adéquatement que possible mais exclusive-

(1) *Contrà*, Trib. Le Havre, 24 décembre 1885 et Rouen, 8 avril 1886. D. 87. 2. 247. Ranvier, rapport au Conseil Municipal de Paris, 1905, n° 10, p. 141.

(2) L'art. 10 du décret du 26 mars 1852 dispense, dans les villes où il y a un droit municipal sur les convois, les sociétés de secours mutuels des 2/3 de cette taxe pour les convois dont leurs statuts leur impose la charge.

ment, les frais d'inhumation même pour les indigents, elle était dite *taxe d'inhumation* ou parfois *taxe municipale*.

Pratiquement, dans plusieurs villes, on ne distinguait pas le service extérieur et le service intérieur. Les tarifs séparaient alors le service *ordinaire*, minimum obligatoire pour tous les convois, concernant le transport des corps et les bières et le service *extraordinaire* englobant toutes les autres fournitures dans des tableaux obligatoirement gradués par classes. Telle a été notamment la règle suivie à Paris.

2° Le droit d'option quant au mode d'exploitation du monopole était absolu. Parfois donc le service était organisé sous forme de régie directe, sauf pour les fabriques et consistoires tant protestants qu'israélites à se réunir tous en un syndicat unique, qui, après approbation par décret, devenait une personne morale distincte, propre, dotée d'une capacité. Ailleurs, on recourait à la régie intéressée ou encore à l'entreprise sur adjudication faite selon le mode réglementaire « pour tous les travaux publics » (Décr. 1806, art. 15). Quel que fut le procédé adopté, il ne pouvait jamais y avoir qu'une entreprise dans chaque ville.

§ II

Le monopole des établissements ecclésiastiques s'est toujours exercé à Paris (1) conformément à ces textes généraux (2) et en outre suivant certains décrets et ordonnances spéciaux dont quelques-uns, partiellement ou dans leur intégrité, ont conservé leur application jusqu'à la fin de 1904. En nous plaçant à cette dernière date, nous allons résumer brièvement l'organisation, aujourd'hui détruite, du service parisien et les résultats de son fonctionnement.

I. *Direction du service.* — Pendant de longues années, les fabriques et consistoires de Paris exploitèrent leur droit sous

---

(1) Dès l'origine, au contraire, à Lyon, par suite d'une entente entre le Cardinal Fesch et la municipalité, la ville se chargea du transport des corps et le service des pompes funèbres fut abandonné à l'industrie privée.

(2) Sauf la loi du 5 avril 1884.

forme d'entreprise. Le concessionnaire était autorisé à percevoir sur les fournitures faites à l'occasion des funérailles les droits fixés par les tarifs, à charge par lui de verser aux concédants, sur la recette brute, une part dont le taux a souvent varié, sans jamais cesser d'atteindre au moins 50 0/0. L'importance extraordinaire de ces remises s'explique par ce fait qu'elles n'étaient calculées à l'origine que sur les fournitures expressément portées aux tarifs, c'est-à-dire, en réalité, sur une portion relativement faible de l'ensemble effectué, puisqu'au jour même (1) où les objets nouveaux mis à la disposition des familles par l'ingénieuse industrie de l'adjudicataire furent tarifés, beaucoup d'entre eux demeurèrent dans une 3e section affranchie de la remise proportionnelle, le produit brut des deux premières sections entrant seul dans le calcul de la redevance. La répartition des fournitures entre les trois sections s'est maintenue, quant à l'exemption de la troisième section, jusqu'au dernier jour de l'exercice par les fabriques de leur monopole, quelques changements qu'ait subis la direction du service.

La dernière entreprise concédée devait prendre fin le 31 mars 1871 et les circonstances ne permettaient pas alors de faire une nouvelle adjudication. Par convention définitivement approuvée par arrêté préfectoral du 30 juin 1872, M. Vafflard, entrepreneur sortant, continuait sa gestion à titre de régisseur, pour une durée indéfinie, jusqu'au jour où, de concert avec l'administration municipale, les fabriques et consistoires y mettraient fin en le prévenant six mois d'avance. Cette situation cessa le 31 mars 1878, époque à laquelle les établissements ecclésiastiques commencèrent à exploiter le privilège sous forme de régie directe. La transformation avait été préparée par un décret du 27 octobre 1875 constituant un Conseil d'administration pour représenter les fabriques et consistoires dans l'exercice de leur privilège. Le dit conseil comprenait, outre un vicaire général délégué par l'archevêque de Paris, treize membres électifs dont dix élus au second degré par les fabriques catholiques (2) et un élu par

<hr>

(1) Voir notamment une transaction homologuée par arrêté du 4 août 1834, puis le décret du 2 octobre 1852 et le règlement préfectoral du 14 novembre suivant.

(2) Celles-ci, réparties en dix circonscriptions dont chacune comprenait deux arrondissements municipaux, nommaient chacune un délégué, les délégués de

les consistoires de chacun des cultes protestants et israélite. Nommé pour six ans avec renouvellement par moitié tous les trois ans, soumis en principe aux mêmes règles que les conseils de fabrique, il constituait chaque année son bureau (1) et, au nom du Syndicat des pompes funèbres, personne morale, avait pouvoir de procéder à tous les actes d'administration ou d'emprunt, d'exercer toutes actions judiciaires, à charge de rendre un compte annuel aux fabriques et consistoires de ses opérations. Ses comptes étaient jugés par la Cour des comptes.

L'institution nouvelle a fonctionné sans changement jusqu'à la loi de 1904. Le Conseil d'administration des pompes funèbres a liquidé la situation avec la succession Vafflard ; il a dirigé le service pendant plus de vingt ans ; c'est lui enfin qui a dû traiter avec la Ville de Paris pour l'application de la loi récente. Vis-à-vis du public, les règles précédemment imposées aux adjudicataires ont été observées, notamment quant à la tarification des droits à percevoir. Le seul changement important à signaler est le suivant : le Syndicat a cessé absolument, sur invitation du Préfet de la Seine, d'exécuter, à compter du 1er juillet 1880, des convois à l'extérieur de Paris, fut-ce dans les communes suburbaines.

Pour remplir sa mission, le Syndicat avait besoin d'importants locaux, d'un matériel et d'un personnel considérables. Il nous faut voir comment il se les est procurés, dans quelles conditions il s'en est servi et comment enfin, en 1904, se répartissaient ses ressources et ses charges.

II. *Locaux.* — L'accroissement continu de l'agglomération parisienne a eu tout naturellement son contre-coup sur l'emplacement, les dimensions et même le nombre des locaux occupés par les Pompes funèbres. Un immeuble unique, souvent changé d'ailleurs (2), suffit jusqu'en 1853. Mais, à compter de cette date, on voit l'entreprise forcée d'annexer de nouveaux terrains à son siège central d'exploitation : aux 6.828 mq. affectés au service en 1853, 10.807 avaient été ajoutés en 1869 et

---

chaque circonscription désignaient celui d'entre eux qui la représenterait au Conseil (Décr. 1875, art. 3).

(1) Un président, un secrétaire et un trésorier.

(2) Quatre fois de 1832 à 1853.

étaient d'ailleurs insuffisants. Le Syndicat songea alors à acquérir en son nom deux terrains de 23.763 mq. dont l'un appartenait à la Ville. Mais, après avoir encouragé d'abord la combinaison (1), le Conseil municipal s'y déclara opposé par délibération du 22 mai 1872 et la Ville de Paris fut, par la loi du 24 juillet suivant, substituée, au Syndicat des Pompes funèbres pour les constructions à faire sur son propre terrain exclusivement. Dès le 8 juin, la Ville avait conclu un traité avec les entrepreneurs pour l'exécution des travaux et l'acquisition du mobilier; ce fut du reste pour elle l'occasion d'une instance interminable avec les adjudicataires du service en même temps que de graves mécomptes financiers (2).

L'immeuble ainsi aménagé fut pris en location par les fabriques, moyennant un prix annuel fixé en 1874 à 100.000 francs puis à 200.000 à compter du 1ᵉʳ avril 1878 (Délib. du Cons. munic. 8 août 1878). Au 28 décembre 1904 encore, par rapport à l'immeuble sis 104, rue d'Aubervilliers, le Syndicat était locataire de la Ville, à charge d'assurer les bâtiments et le mobilier (4.500 francs) et moyennant un loyer de 200.000 francs par an.

Mais les 15.749 mq. ainsi mis à sa disposition étaient absolument insuffisants. Les nécessités pratiques ayant en définitive raison des dispositions hostiles du Conseil municipal, le Syndicat se rendit successivement acquéreur, avec ses ressources propres, de deux terrains sis l'un, de 4.494 mètres, au 141 de l'Avenue du Maine sur la rive gauche (3), l'autre, de près de 15.000 mq., portant les nᵒˢ 126 de la rue d'Aubervilliers et 15 de la rue Curial. La dépense fut au total de 1.497.500 francs, pris sur les réserves de l'entreprise sans donner lieu à aucun emprunt, à aucune charge pour les exercices ultérieurs.

A ces trois immeubles importants les fabriques devaient, de convention expresse avec la Ville, ajouter des locaux affectés à usage de magasins de cercueils. Ils étaient pris par elles à loyer

(1) Par délibération du 27 mai 1870.

(2) Voir le rapport de M. Ranvier au Conseil municipal (1905, nᵒ 10), p. 59 et suiv. D'après lui, l'immeuble revint à la Ville, mobilier fixe compris, à la somme de 4.929.349 francs. Les frais de construction évalués primitivement 2.835.000 francs s'élevèrent à 3.924.000.

(3) Un dépôt de matériel et de personnel y était établi depuis le 1ᵉʳ janv. 1881.

et répartis entre les divers arrondissements de l'agglomération parisienne. La dépense annuelle montait de ce chef en 1904 à 3.885 pour sept magasins (1).

III. *Matériel.* — Toujours augmenté d'année en année, le matériel des Pompes funèbres, y compris la cavalerie et les fourrages, le chantier de bois, les outils des divers ateliers (carrosserie, forge, fabrication des cercueils, etc.) représentait une très grosse valeur. Il fallait des tentures appropriées à tous les édifices religieux et aux diverses maisons. 6.000 cercueils en bon état de toutes dimensions devaient toujours se trouver au dépôt central et chaque magasin d'arrondissement en devait contenir un certain nombre; en fait, il y en a toujours 10.000 prêts d'avance. 500 corbillards et voitures de deuil ou de livraison sont nécessaires et les 400 chevaux (2) des écuries ne dispensent pas de recourir à des chevaux de louage : la dépense de ce dernier chef a été de 11.132 frs. en 1904. Au total, la valeur du matériel avait passé de 130.000 francs en 1832 à 2.200.000 frs. en 1859.

Lors de l'organisation du service en régie directe, en 1877, un arrêté préfectoral avait prescrit la remise, après expertise, au Syndicat des fabriques du matériel de M. Vafflard et l'acquéreur avait été autorisé à emprunter à la Caisse des dépôts et consignations une somme de quatre millions remboursable par annuités au moyen d'un prélèvement annuel sur ses bénéfices nets. L'expertise aboutit à déclarer M. Vafflard créancier des fabriques pour une somme totale de 3.685.000 francs (3). Mais, après de nombreuses contestations terminées par une transaction approuvée le 14 mars 1883, le Syndicat paya à la succession Vafflard environ 3.350.000 francs, dont 3.086.344 francs pour le matériel proprement dit.

Celui-ci, sous le régime de la régie directe, a été maintenu en parfait état. Les rapports annuels de la commission spéciale du Conseil d'administration chargée de procéder à son récolement général l'ont toujours constaté, ainsi que ceux de l'inspecteur de

---

(1) Le nombre en avait été progressivement réduit avec l'assentiment de l'administration préfectorale.

(2) Respectivement 367, 370, 359, en 1902, 1903, 1904.

(3) Dont 139.760 francs pour bâtiments édifiés, 349.358 francs pour approvisionnements et 3.195.882 francs pour matériel et outillage.

la **Préfecture**. Sa valeur avait même augmenté, car, au dernier inventaire établi par le Syndicat au 31 décembre 1904, sur un total de 6.050.726 francs, le matériel figurait pour 3.663.577 francs (1). Aucune contre-partie n'existait en face de cet actif : une annuité de 400.000 francs avait permis d'amortir en 12 ans l'emprunt de quatre millions fait en 1878 : le dernier versement eut lieu le 25 mars 1890.

Une innovation à signaler dans ces dernières années est la mise en service d'omnibus funéraires pour le transport à peu de frais des personnes suivant les convois. Elle avait été réclamée dès 1880 et fut réalisée en 1890. Mais, abandonnant sur ce point spécial le système de la régie directe, le Syndicat traita avec un entrepreneur, M. Lejeau, moyennant une redevance annuelle de 120 francs par voiture affectée à cet usage, soit 1.800 francs pour 15 omnibus. La concession devait expirer le 14 septembre 1906.

IV. *Personnel. Traitements. Pensions.* — 1° Dans le personnel des pompes funèbres, quelques agents étaient payés par la Ville. C'étaient ceux du service de l'inspection et les 76 ordonnateurs de convois. Ces derniers, nommés par le Préfet de la Seine parmi les anciens sous-officiers de préférence (L. 8 mars 1889, art. 14, 16, 22), étaient chargés de contrôler les fournitures et d'assurer le bon ordre dans le service. Leur traitement leur était versé par la caisse municipale, mais avec des fonds fournis par le Syndicat : au budget municipal, une somme de 245.700 fr. figurait à la fois en recette et en dépense avec cette destination.

2° Bien plus nombreux était le personnel directement rétribué par la Régie. Il comprenait, en 1904, 118 personnes attachées aux bureaux (direction, comptabilité, secrétariat, trésorerie, ordonnancement, économat : 29 ; préposés affectés chacun à une mairie (2) avec un piéton ou commissionnaire ;

---

(1) Le rapprochement des inventaires de 1878 pour la liquidation Vafflard et de 1904 donne les résultats suivants :

	en 1878	en 1904
Matériel et outillage.	3.195.882	3.663.557
Approvisionnements	349.358	640.860
Bâtiments, sol compris. . . .	139.760	1.746.309
Totaux. . . .	3.685.000	6.050.726

soit une différence en plus de 2.365.726 francs.

(2) Ils sont chargés de recevoir les commandes des familles ou des agences et de procéder aux encaissements correspondants.

chefs d'ateliers) et 834 ouvriers proprement dits : 352 porteurs, 264 ouvriers des équipages et de la sellerie, 82 occupés à la fabrication des cercueils, 43 ouvriers de la carrosserie, 70 affectés au service de la tenture, 23 attachés à des ateliers divers.

Ces agents ne bénéficiaient d'aucun congé réglementaire ; théoriquement, mais non en pratique, ils pouvaient être requis tous les jours. Leur salaire, quand ils ne travaillaient pas à la tâche, comme dans l'atelier de menuiserie par exemple, était fixé par jour de travail effectif ; les journées de maladie n'étaient payées qu'au delà de cinq, et alors à demi tarif et pendant trois mois seulement. Ce salaire qui s'augmentait d'une haute paye d'ancienneté, était nécessairement très variable. Il y fallait joindre pour certaines catégories une indemnité d'habillement (1), une indemnité de sortie hors de Paris (2), enfin pour les porteurs une indemnité journalière de chaussures se montant à 0 fr. 20. Un cocher touchait, tout compris, par journée de travail, de 6 fr. 58 à 4 fr. 75, soit par an de 2.368 fr. 80 à 1.710 fr., y compris le vêtement en nature représentant 167 francs. Un porteur recevait journellement de 5 fr. 83 à 4 fr. 22, soit annuellement de 2.127 fr. 95 à 1.540 fr. 30 en argent, plus 6 francs par mois pour la chaussure et le vêtement en nature représentant 104 francs par homme et par an. — L'ensemble des dépenses afférentes à ces salaires constituait un gros chiffre. D'après une note explicative remise par le Syndicat des pompes funèbres à la Ville en 1905, en tenant compte : 1° des jours de congé et des jours de maladie non payés ou payés à demi solde ; 2° de l'emploi limité à certaines périodes des agents surnuméraires ; 3° de la titularisation d'un certain nombre d'agents seulement, leur total devait atteindre 1.677.472 francs pour une année moyenne (3).

(1) Elle était par jour de 0,46 pour les cochers, de 0,28 pour les porteurs, de 0,29 pour le personnel de la livraison et de la plomberie, de 0,19 pour les tendeurs. En outre, dans le personnel de la fabrication des cercueils, 8 agents étaient habillés à raison de 93 francs par homme et par an et, à l'atelier de carrosserie, sept l'étaient moyennant 56 francs par an chacun.

(2) Se montant à 0,29 pour les cochers et 0,22 pour les porteurs.

(3) Soit pour les porteurs 744.611 65
     —   les équipages 518.951 76
     —   la carrosserie . . . . 78.503 »
     —   les tentures 140.323 95
     —   la fabrication des cercueils. 195.082 05

Une des premières préoccupations du Syndicat, lors de l'institution de la régie directe, avait été de créer pour ses agents des pensions de retraite et, le 9 décembre 1881, un projet en ce sens était adopté comme principe. L'annuité de 400.000 francs destinée à amortir l'emprunt de quatre millions contracté en 1878 pesait alors trop lourdement sur les finances pour qu'il pût y être donné une suite immédiate ; mais, à peine le dernier versement de l'annuité était-il effectué en 1890 qu'on l'exécuta. Par délibération du 12 décembre 1890, le Conseil établissait un règlement des pensions de retraite, maintenu depuis lors sauf quelques modifications ou additions postérieures, qui créait, à compter du 1er janvier 1891, des pensions d'ancienneté ainsi que des pensions proportionnelles au profit de tous les agents du service. Les règles posées quant à la nature et aux conditions d'obtention de ces pensions étaient en général, sinon conformes, du moins fort analogues à celles adoptées pour les pensions civiles d'Etat. Il en était cependant de tout à fait différentes. Spécialement les pensions ainsi accordées constituaient de véritables libéralités, un supplément de traitement : elles ont été acquises dès le 1er janvier 1891 à un certain nombre d'agents et jamais le personnel n'a contribué à leur constitution par aucune retenue volontaire ou forcée sur son salaire (art. 5). Par une conséquence logique, l'administration était dégagée de toute obligation de garantie et de toute responsabilité en cas de circonstances imprévues, notamment, de « *modification dans la législation attribuant aux fabriques et consistoires le monopole des inhumations. Dans ce dernier cas, les pensions antérieurement liquidées pourraient même cesser d'être payées* » (art. 10).

Restait à assurer de façon sérieuse le paiement des pensions qui devaient, à un jour donné, arriver à excéder quelque peu le chiffre de 100.000 francs. L'administration ne voulait pas d'ailleurs renoncer à la pratique déjà ancienne d'accorder des secours accidentels ou renouvelables. Aussi fut-il décidé que, à compter de 1891, un crédit de 100.000 francs serait annuellement inscrit au budget. La portion de ce crédit non employée dans l'année devait être versée à une réserve spéciale, dite *fonds général de secours et pensions*, capable de parer à toutes les éventualités. En 1904, dernière année où le service a fonctionné normalement,

15.676 fr. 17 ont été ainsi versés à la réserve portée de ce chef à 660.040 fr. 76.

V. *Fonctionnement du service.* — Le Syndicat devait effectuer tous les convois parisiens, qu'ils fussent ou non rémunérateurs. Le chiffre des inhumations exécutées par ses soins s'est élevé jusqu'à 59.786 dans l'année 1882; il a été de 49.836 en 1904, non comprises les inhumations des hôpitaux (corps non réclamés) (1). Or, en 1904, il y a eu 18.788 convois d'indigents, pour lesquels le Syndicat fournissait gratuitement une bière et un linceul et procédait de même au transport des corps sur la réquisition des maires d'arrondissement (2). Il fallait se récupérer de telles dépenses par ailleurs. Dans ce but, un tarif des services funèbres et des fournitures à eux relatives avait été dressé, gradué par classe. Le nombre des classes, de six au début, fut porté à neuf dans le tarif du 25 juin 1832 et n'a pas varié depuis lors.

Cette division par classes n'influait pas à l'origine sur le taux de la taxe des inhumations, perçue au profit de la caisse municipale pour faire face aux dépenses de vérification des décès, d'entretien des cimetières et de transport des indigents : elle était uniformément, pour tous les convois, de 10 ou 20 francs suivant que le défunt avait moins ou plus de 7 ans. Mais, depuis 1859, il y eut un tarif gradué par classe et variant de 40 francs pour les 1re et 2e à 6 francs pour la 9e et les convois sans accessoires. Les maires avaient le droit de faire remise complète ou partielle de ladite taxe au profit des familles nécessiteuses (arrêté préfectoral 30 octobre 1852) et d'autres dégrèvements partiels étaient accordés en vertu de textes réglementaires (3). Il s'agissait là d'une recette municipale dont ne bénéficiait nullement le service des pompes funèbres.

Sur celui-ci cependant, pour la part de beaucoup la plus

(1) 6.079 en 1904.

(2) Le cahier des charges du 4 novembre 1859, art. 27, avait imposé cette obligation au concessionnaire à l'égard des indigents décédés à domicile et, depuis 1887, le Syndicat avait assumé la même charge à l'égard des indigents morts à l'hôpital.

(3) Remise des 2/3 au profit des sociétés de secours mutuels (Décr. 26 mars 1852), des familles d'officiers ou de soldats décédés dans certaines conditions (Cons. mun., délib. 29 avril 1877) ; remise des frais d'inhumation pour la sépulture des sœurs hospitalières (Cons. mun., délib. 9 novembre 1827).

grosse du moins et sauf une contribution très restreinte de la Ville, retombait toute la charge des convois parisiens. Il payait même, à titre d'abonnement, une somme de 0 fr. 60 pour le creusement de chaque fosse, allégeant ainsi, d'une somme de 27.000 francs environ, les dépenses municipales à l'intérieur des cimetières. Dès lors, les tarifs devaient être rédigés de façon à compenser et au delà par les profits réalisés sur les enterrements somptueux, les moins nombreux évidemment, l'excédent des dépenses relatives aux convois pauvres. Aussi, dès le début du xixᵉ siècle, les droits à percevoir pour le service des sépultures avaient été répartis par le décret du **18 août 1811** en deux tableaux correspondant l'un au service, dit *ordinaire,* applicable en principe à tous les convois, l'autre au service, dit *extraordinaire*, énumérant les dépenses et fournitures non absolument indispensables.

Le service ordinaire consiste à faire transporter dans les églises ou temples, puis dans les cimetières de Paris, les corps des décédés et à les faire inhumer (cah. des charges de 1859, art. 1ᵉʳ et 2). Son tarif comprend deux articles : la taxe d'inhumation, remaniée en 1859, dont nous venons de parler et la fourniture de la bière (1) dont le prix a été maintenu, en 1859 comme en 1811, de 2 à 8 francs suivant la grandeur. — Les inhumations du service ordinaire sont toujours les plus nombreuses : il y en a eu **27.639 sur 49.836** en 1904, soit 55,45 0/0. Dans ce nombre entrent les 18.788 exécutées absolument gratuitement sur réquisition des maires : pour celles-là (plus du tiers du total général) la fourniture même de la bière et du linceul a été faite sans aucune compensation (2).

D'après le cahier des charges de 1859, article 8, le service

---

(1) C'est un cercueil en simple volige. Au contraire des cercueils proprement dits, ces bières, depuis 1859, n'étaient pas soumises à la remise faite par l'adjudicataire aux fabriques et consistoires.

(2) Sauf une contribution de la Ville, toujours diminuée au cours du xixᵉ siècle, dont nous reparlerons plus loin. Il y a, en cette matière, un véritable abus quant à la distribution des certificats d'indigence. Il est démontré par ce fait que, la gratuité absolue de la fourniture de la bière et du convoi ayant été étendue en 1887 aux corps des décédés à l'hôpital alors qu'elle était réservée auparavant aux cas de décès à domicile, le nombre des indigents, ou prétendus tels, morts dans les hôpitaux a passé de 7542 en 1886 à 10.034 en 1902.

2

extraordinaire : 1º procure aux familles, sur leur demande, des corbillards, voitures de deuil, draperies, cierges, souches et tous autres objets indiqués aux tarifs ; 2º fournit aux fabriques et consistoires les objets qu'ils réclament par écrit pour célébrer les anniversaires, dits bouts de l'an, et autres cérémonies du même genre. Entre ces neuf classes se répartissent, très inégalement d'ailleurs, les convois réellement payants : en 1904 par exemple, la 1re classe, dont le tarif est le plus élevé, n'a été adoptée que 9 fois tandis que la 7e englobait 10.623 convois.

L'établissement des tarifs du service extraordinaire a toujours été une opération très délicate, au temps surtout où l'exploitation du monopole était confiée à un entrepreneur. D'abord en effet, celui-ci consentait aux fabriques et consistoires une remise portant sur les seuls articles prévus au tarif et non identique pour tous, d'où une tendance assez naturelle de sa part à faire prendre par les familles des objets non tarifés dont il gardait le produit intégral au lieu des articles prévus (1), ou, parmi ceux-ci, à faire adopter ceux qui lui rapportaient à lui-même davantage (2). D'autre part, certaines fournitures ne figurant pas aux tarifs, le monopole ne s'exerçait pas en fait de façon absolue et l'industrie privée est venue exploiter ce commerce spécial, augmentant les dépenses des funérailles au détriment des particuliers qui ont à payer et le service monopolisé et les régleurs de convois quelque peu parasites. Le premier intérêt des régleurs est de grossir le chiffre total des frais puisque leur rémunération apparente consiste en une remise de 5 0/0 sur ce chiffre global. Ils s'efforcent en outre de faire accepter aux intéressés des fournitures non tarifées, telles les lettres d'invitation (3), les fleurs et les couronnes, dont ils fixent arbitrairement les prix. Parfois même, quoique exceptionnellememt, ils ont réclamé des paiements de tous points injustifiés, par exemple pour la mise en bière que le service monopolisé effectuait gratuitement.

---

(1) Ce premier abus amena une transaction homologuée par arrêté préfectoral du 4 août 1834 entre les fabriques et l'adjudicataire d'alors.

(2) Le tarif de 1852 fut conçu de façon à réprimer cette irrégularité.

(3) Ce sont ces agences qui ont imaginé les cartes collectives « de remerciements » envoyées à ceux qui ont assisté à l'enterrement.

Pour atténuer, sinon supprimer ces abus, dont les fabriques et, bien plus encore, le public étaient les victimes, les tarifs ont été remaniés depuis 1852. Dans chacune des neuf classes, on trouve deux sections relatives l'une au *service religieux*, l'autre au *service de l'entreprise*. Au premier service un caractère d'indivisibilité est reconnu : qu'il s'agisse du matériel ou du personnel, c'est la section entière afférente à la classe choisie que les familles doivent accepter. Mais nul n'est tenu de prendre la même classe pour les deux services et, la seconde section étant divisée en paragraphes, on a en principe le droit d'option relativement à chacun des paragraphes pris à part. Pour laisser même plus de latitude encore aux familles, le tarif de chaque classe, au double point de vue religieux et de l'entreprise, comporte désormais deux numéros, le second permettant certaines économies, puis, dans une troisième colonne, une nomenclature d'objets supplémentaires et facultatifs. Aux améliorations de 1852, les fabriques en joignirent une autre à leur profit en 1859 : elles étendirent la remise générale à elles consentie à certains objets, y compris les cercueils (1), qui sous le nom de fournitures réelles en étaient jusqu'alors exempts.

Tant que le service des pompes funèbres a été exploité par un adjudicataire, les tarifs annexés aux cahiers des charges étaient exécutoires pour la durée des baux seulement. Le jour où le monopole fut exercé en régie directe, les tarifs de 1859 furent *ipso facto* maintenus à titre provisoire pour une durée indéfinie, le Syndicat des fabriques et consistoires continuant dans ses comptes avec ses mandants à appliquer les mêmes bases de calcul. Un seul changement important a été réalisé depuis lors : c'est l'adjonction au tarif par arrêté préfectoral du 20 décembre 1902, comme fourniture obligatoire pour toutes les inhumations et réservée exclusivement à l'administration des Pompes funèbres, des mixtures et matières antiseptiques à renfermer dans les cercueils. Le public n'a pas souffert de cette innovation, car, bien que non obligatoire jusque-là dans les cercueils de chêne (2), la mixture était d'un usage à peu près univer-

(1) Mais non les bières du service ordinaire.

(2) Elle devait être au contraire fournie (et fournie gratuitement) par le Syndicat toutes les fois qu'il livrait un cercueil de volige ou même de sapin.

sel (1). Il a bénéficié au contraire de la réduction opérée sur le prix de cette fourniture par la décision en proclamant la monopolisation (2), en même temps qu'au grand avantage de l'hygiène, un contrôle sérieux était désormais exercé sur les matières employées. Sans doute le Syndicat a trouvé là un important surcroît de ressources puisque, dès l'année 1903, la recette pour fourniture de mixtures s'est élevée à 246.340 francs contre 134.782 francs seulement en 1902, avec une augmentation brute de 111.558 francs (3). Mais ce n'a été que la compensation d'une perte à peu près égale provenant d'une réduction dans une redevance payée par la Ville.

Si, en effet, comme nous l'avons déjà dit, l'administration des pompes funèbres payait à la Ville, pour chaque ouverture de fosse, une somme forfaitaire de 0 fr. 60, la Ville de son côté devait contribuer aux frais de transport des corps. Elle percevait, depuis le décret du 18 août 1811, une taxe sur chaque inhumation sauf à en faire remise aux indigents. Comme l'adjudicataire des Pompes funèbres prenait à sa charge les très lourdes charges du service ordinaire, la Ville lui allouait une somme fixe pour tout corps transporté, quel que fut le service adopté ou la classe choisie, « sauf à lui à trouver le complément de son indemnité dans les bénéfices qu'il pourra faire sur les fournitures du service extraordinaire ». Cette redevance, de 8 francs en 1812, tomba à 7 en 1832, puis à 5 en 1852. Ce dernier chiffre fut maintenu en 1859 et, pendant les premières années de la régie directe, il ne fut pas discuté par la Ville.

Mais, dans la discussion du budget de 1892, le Conseil municipal abaissa, de son autorité privée, à 3 francs par corps la redevance à payer au Syndicat : la Ville de Paris ne pouvait, pensait-il, demeurer indéfiniment tenue d'une obligation contractée envers l'adjudicataire de 1859 et devenue caduque lors de la disparition de celui-ci. Si les 5 francs par corps furent

---

(1) Les agences privées et l'adjudicataire lui-même n'ayant de ce chef aucune remise à payer aux fabriques étaient intéressés à en généraliser l'emploi.

(2) Le tarif est fixé à 3 francs de la naissance à 3 ans, à 6 francs de 3 à 7 ans, à 8 francs de 7 à 15 ans, à 10 francs au-dessus de 15 ans (Arrêté du 20 décembre 1902). Un autre arrêté du 31 décembre fixe au même taux le tarif de l'ouate.

(3) Mais le coût des matières premières pour mixtures a passé de 14.477 fr. 60 en 1902 à 25.086 fr. 40 en 1903.

encore payés en **1892** et **1893**, à la fin de cette dernière année,
le Conseil d'administration des Pompes funèbres fut officiellement avisé qu'à partir du 1er janvier 1894, la redevance municipale pour frais d'inhumation serait réduite à 3 francs. Un procès s'engagea sur ce point et, par arrêt du 28 février 1899, le
Conseil d'Etat, d'accord en cela avec le ministre des cultes,
condamna la Ville à payer la somme de 5 francs par corps tant
que le décret du 4 novembre 1859 n'aurait pas été rapporté.
— L'affaire fut alors reprise sous une autre forme, par voie
de pourparlers amiables avec le Syndicat. La Ville soutenait :
1⁰ que la redevance de 5 francs payée par elle était trop
élevée ; 2⁰ qu'au contraire les 0 fr. 60 à elle dus pour chaque
ouverture de fosse étaient insuffisants, le travail de fossoyage se
montant en fait à environ 2 fr. 60. Sans s'arrêter à ce second grief,
le Syndicat répondait, avec chiffres à l'appui, que la redevance de
5 francs par inhumation laissait à la Ville, sur le produit de la
taxe municipale, un bénéfice annuel considérable (1) et qu'il n'y
avait pas plus en équité qu'en droit, obligation pour lui d'augmenter ce boni. Par esprit de conciliation néanmoins, il accepta
la discussion d'abord, puis l'abaissement à 3 francs de la redevance municipale à deux conditions : cette concession unique
devait mettre fin aux réclamations de la Ville quant au prix du
fossoyage ; la fourniture des mixtures antiseptiques serait rendue
obligatoire pour tous les cercueils et le monopole lui en serait
garanti. Cette sorte de transaction acquit force exécutoire par
deux arrêtés du Préfet de la Seine, en date du 20 décembre 1902.
L'abaissement à 3 francs de la redevance due par la Ville pour
chaque corps a fait gagner à celle-ci une somme de 97.136 francs
en 1903, de 99.672 francs en 1904, le nombre des inhumations
ayant été ces deux années-là respectivement 48.568 et 49.836.
La monopolisation des mixtures a produit au Syndicat en 1903
un supplément de recettes de 100.949 fr. 10.

Une observation importante à faire est que jamais dans l'organisation et la comptabilité des pompes funèbres à Paris on
n'a suivi la division générale en service *extérieur* et service
intérieur. Il n'y a aucune analogie entre elle et les distinctions

(1) Variant de 166.757 francs à 106.748 francs de 1885 à 1898.

adoptées en services ordinaire et extraordinaire, fournitures
réelles et fournitures en location, voire même en cérémonie religieuse et service par l'entreprise. En effet, ce dernier service, d'où
seules étaient exclues les fournitures concernant la cérémonie
religieuse elle-même, était bien plus compréhensif que le service
extérieur au sens propre du mot, puisqu'il englobait les tentures
tant extérieures qu'intérieures, avec chapelles ardentes, des maisons mortuaires et les tentures même intérieures de l'église ou
du temple. Pour l'année 1902 seulement et en prévision du
changement de régime imminent, le Syndicat des pompes funèbres établit, dans son compte rendu annuel, un relevé des prix
de revient des convois, avec ventilation des recettes et dépenses
entre le service intérieur et le service extérieur.

Ce tableau lui-même n'est conforme ni à la notion précise de
chacun des services telle qu'on l'admettait autrefois, ni surtout
à celle que donne du service extérieur la loi du 28 décembre 1904, art. 2. Par exemple, il fait figurer dans ce dernier
service tout ce qui a trait à la décoration même intérieure des
maisons mortuaires et, en outre des cercueils, leurs accessoires, les mixtures et frettes, etc. Du moins, ce relevé prouve
d'une façon péremptoire qu'à Paris, le service extérieur, même
aussi largement entendu, était de beaucoup moins rémunérateur
que l'autre. L'excédent des recettes sur les dépenses était de
147.391 fr. 66 seulement, tandis qu'il atteignait pour le service intérieur 931.863 fr. 15 (1). Les longues distances à par-
courir et surtout l'éloignement des cimetières parisiens peuvent
expliquer cette différence de produit entre les deux services qui,
d'après certains chiffres donnés à la Chambre des députés lors
de la discussion de la loi de 1904 (2), se présentait plutôt en
sens inverse dans les villes de province.

(1) Soit au total 1.079.254 fr. 81 auxquels il faut ajouter, pour avoir le produit
net général de 1902, 198.765 fr. 90 représentant les intérêts de placements de fonds
et les produits divers. Le produit net général (1.278.020 fr. 70) est inférieur de
306.423 fr. 50 à l'excédent que fait ressortir le compte de l'exercice, cette dernière
somme constituant les frais de rémunération du capital (matériel et immeubles)
calculés à 5 0/0 et portés naturellement en dépenses dans la comptabilité des prix
de revient, mais compris, au compte d'exercice, dans la distribution à faire aux
fabriques et consistoires de l'excédent de recettes.

(2) Notamment par M. Suchetet (Chambre, 1re séance du 29 décembre 1903). Il

L'insuffisance du service extérieur, pour couvrir ses frais est bien plus évidente encore pour la capitale, si l'on en restreint davantage la portée précise, conformément à la loi du 28 décembre. C'est la conclusion qui ressort de nouveaux calculs faits par le Syndicat. L'excédent des recettes sur les dépenses a été exactement de 1.591.632 fr. 23 en 1904. Or, abstraction faite d'une somme de 232.000 francs représentant d'une part les intérêts de placements de fonds et d'autre part le produit net d'autres opérations (1), on trouve un total de 1.359.000 francs se décomposant ainsi :

		francs
Décoration tant extérieure qu'intérieure des églises et des temples	bénéfice	943.000
Fourniture des cercueils et accessoires .	»	738.000
Cortège et tentures extérieures des maisons	déficit	322.000

Devant ces chiffres, on comprend de suite que la loi de 1904 n'ait satisfait personne. Les fabriques, réduites au monopole du service intérieur, vont perdre les bénéfices importants résultant de la fourniture des cercueils et de leurs accessoires. La portion du service attribuée à la Ville se traduit pratiquement par un déficit que le monopole de la livraison des cercueils sans les mixtures et accessoires ne saurait suffire à combler. L'industrie privée en devra profiter, mais non les particuliers qui au contraire verront augmenter leurs charges.

VI. *Comptabilité du service. — Emploi des excédents de recettes.* — Les comptes présentés par le Syndicat aux fabriques et consistoires pour ses deux dernières années de gestion directe portent les chiffres suivants :

a été dit que le service extérieur fournissait en général au moins le 1/4 et parfois les 9/10 des recettes dans la Seine-Inférieure et produisait annuellement de 100 à 145.000 francs à Rouen, 30.000 francs au Hâvre, 19.500 francs à Elbeuf. De même, à Marseille, les produits du service extérieur seraient cinq fois plus considérables que ceux du service intérieur. A Nantes et à Rennes, ces mêmes produits auraient formé à eux seuls le 1/3 des revenus fabriciens.

(1) Bouts de l'an, exhumations, fournitures à l'extérieur, produits accessoires, ventes de vieilles matières, escomptes, recettes extraordinaires.

	exercice 1903	exercice 1904		exercice 1903	exercice 1904
Recettes ordinaires.	5.737.606 32	6.140.832 87			
Recettes extraordinaires (fonds généraux) . .	621 75	8.194 75	totaux	6.026.961 94	6.149.027 62
Recettes extraordinaires (fonds spéciaux) . .	288.733 87	»			
Dépenses ordinaires.	4.153.255 17	4.069.119 71			
Dépenses extraordin. (fonds généraux) . .	164.571 01	185.105 37		4.606.560 05	4.254.225 08
Dépenses extraordin. (fonds spéciaux) . .	288.733 87	»			
Produit net :				1.420.401 89	1.894.802 54

Le résultat de l'exercice 1904 est très supérieur à celui de l'année précédente et il y a à la fois augmentation des recettes et diminution des dépenses ordinaires. C'est qu'en 1904 le chiffre des inhumations s'est élevé à 49.836, en excédent de 1.268 sur celui de 1903. Quant à la diminution des dépenses ordinaires, malgré le supplément exigé par la mortalité plus grande, elle est due pour une part sans doute (21.000 francs environ) à un léger appauvrissement des stocks d'approvisionnement, mais elle provient surtout d'économies réalisées et de l'abaissement du prix de certaines marchandises.

Les recettes et dépenses extraordinaires, du moins quant à celles portant sur fonds spéciaux (1), et le chiffre du produit net provoquent des observations un peu plus longues.

Les comptes rendus de 1903 et 1904 accusent, comme produit net, 1.420.401 fr. 89 et 1.894.802 fr. 54 respectivement. Si l'on consulte les tableaux de prix de revient pour ces mêmes années, on voit le total du même produit fixé à 1.118.701 fr. 07

(1) Les recettes sur fonds généraux représentent surtout des remises faites au Syndicat par des courtiers ; par exemple, sur un total de 8.194 fr. 75 en 1904, 7.181 fr. 65 lui ont été alloués sur les primes des nouvelles polices d'assurance contre l'incendie. Les dépenses sur fonds généraux sont principalement des prélèvements sur les produits de l'exercice destinés à augmenter la dotation de deux réserves d'amortissement que nous signalerons bientôt.

et 1.591.632 fr. 23. Voici comment s'explique cet écart de 300.000 francs environ chaque année. Dans le calcul du prix de revient, une certaine somme (de 301.700 fr. 82 pour 1903 et de 303.170 fr. 31 pour 1904) représente le montant des frais de rémunération du capital matériel et immeubles calculés à 5 0/0. Au point de vue des écritures et de la fixation précise du prix de revient, il est juste de tenir compte de ces frais là tout comme si le Syndicat devait louer matériel et immeubles, puisqu'aussi bien le dit capital a été acquis avec les bénéfices de l'exploitation antérieure. Mais, d'autre part, ces biens (immeubles et matériel) sont en réalité la propriété des fabriques et consistoires représentés par le Syndicat, il est naturel que le loyer leur en soit intégralement attribué. Donc la distribution annuelle à leur faire comprend deux parts : l'excédent de recettes vraiment propre à l'exercice, puis les intérêts du capital d'exploitation.

Ces deux éléments constituent à eux seuls le montant de la distribution dans les années où les recettes sont abondantes : en 1904, 1.894.802 fr. 54 ont été distribués qui correspondent exactement aux 1.591.632 fr. 23 recettes de l'exercice, et 303.170 fr. 31 intérêts du capital d'exploitation. Mais la même addition des chiffres de 1903 nous donne seulement 1.420.401 fr. 89 et, cette année-là, 1.709.135 fr. 76 ont été répartis, soit 288.733 fr. 87 de plus. Précisément ce dernier chiffre figure, dans le compte rendu pour 1903, à la fois aux recettes et aux dépenses extraordinaires sur fonds spéciaux, tandis que nous ne trouvons rien de semblable dans le compte rendu de 1904. Ces 288.733 fr. 87 n'ont fait que traverser le budget de 1903 sans lui appartenir : ils constituent en réalité une subvention attribuée à un exercice insuffisamment productif à l'aide d'une réserve alimentée par des prélèvements annuels sur les recettes budgétaires et dite fonds d'*amortissement général*. On égalisait ainsi approximativement les remises annuelles à faire aux fabriques.

Succédant à partir de 1878 à un entrepreneur, le Syndicat des pompes funèbres avait conservé et les tarifs et les procédés de comptabilité jusqu'alors adoptés. Or, aux termes du décret du 18 août 1811, art. 7, les adjudications devaient être consenties moyennant une portion du produit brut de l'entreprise à remettre par l'adjudicataire aux fabriques et consistoires. Le taux de cette remise a beaucoup varié (1) et jamais elle n'a porté sur l'ensemble des recettes effectuées par l'entrepreneur. Même après que l'administration eut pénétré les secrets de l'exploitation financière, elle préleva exclusivement les remises sur le produit brut des deux premières sections des *Convois de Paris et exhumations*, laissant indemne environ un cinquième des recettes d'ordre divers, sauf à englober de plus en plus les fournitures facultatives dans les deux premières sections. Ce travail progressif explique dans une large mesure l'abaissement graduel du taux de la remise qui, de 83,50 0/0 en 1852, tombe, en 1859, à 56 0/0.

Lorsque le Syndicat fut institué en 1878, il ne pouvait être question pour lui d'une obligation absolue, dût-il en résulter pour lui la faillite, de fournir aux fabriques, immuablement, le même tant pour cent sur ses opérations annuelles. Aussi bien, il devait supporter de lourdes charges d'acquisition comme entrée en jouissance et ses mandants n'avaient plus rien à redouter de pareilles opérations puisque le matériel et les immeubles ainsi acquis l'étaient en réalité pour eux. Au cours de la régie intéressée depuis 1871, la part des fabriques avait oscillé entre 42 et 48 0/0, l'année 1876 fournissant le plus haut chiffre, soit 48,42 0/0 avec 1.982.016 fr. 93 de remises. La régie directe a parfois distribué aux fabriques plus de deux millions, 2.353.588 fr. 27 en 1886 par exemple (2) ; mais, d'une façon générale, elle a vu fléchir ses bénéfices. Il importait cependant de maintenir une certaine fixité dans le taux de la remise à faire aux fabriques et on y est parvenu à l'aide de la réserve du fonds d'amortissement général : chaque année depuis 1891, une somme de 100.000 francs a été prélevée sur les benéfi-

---

(1) Voici les chiffres exacts et complets : 50 0/0 en 1812 ; 72,50 0/0 en 1821 ; 65 0/0 en 1830 ; 70,25 0/0 en 1832 ; 71,56 0/0 en 1842 ; 83,50 0/0 en 1852 ; 56 0/0 en 1859.

(2) Le compte rendu du service pour 1902 donne le tableau comparatif suivant du chiffre des remises distribuées depuis 1860.

De 1860 à 1869 (10 ans, période d'entreprise) moyenne annuelle		1.806.965 francs
De 1872 à 1877 (6 ans, régie intéressée)	—	1.729.472 —
De 1878 à 1890 (13 ans, régie directe)	—	2.229.307 —
De 1891 à 1893 (3 ans, régie directe)	—	2.081.200 —
De 1894 à 1902 (9 ans, régie directe)	—	1.820.404 —

ces de l'exercice pour doter ce fonds qui a procuré dans les années peu productives de 1894 à 1903 les sommes nécessaires au maintien des remises sur le pied de 35 0/0 du produit brut des deux premières sections. En réalité, les deux exercices 1902 et 1903 avaient donné un excédent de recettes propres relativement très faible et représentant 30,60 et 29,09 0/0 de ce même produit brut ; pour parfaire le quantième distribué de 35 0/0, on avait donc pris, dans les deux années, 516.486 fr. 33 sur la réserve réduite, à la fin de 1903, à un peu moins de 73.000 francs. On n'aurait pu continuer ainsi, et, dès le 16 avril 1902, une circulaire de l'archevêché annonçait qu'à partir du 1ᵉʳ janvier 1904, le taux de la remise serait réduit à 32 0/0. Cependant, en 1904, il a été de 36,16 0/0, parce que ce chiffre a été atteint par le produit net de l'exercice (1.894.802 fr. 54), sans qu'il y eut lieu de recourir à la réserve.

Du total des remises ainsi faites la plus grosse part de beaucoup appartenait aux fabriques, les consistoires ne recevant qu'une fraction proportionnelle au nombre des défunts de leur religion par rapport à l'ensemble (1). — Deux prélèvements étaient d'ailleurs effectués sur la somme attribuée aux fabriques. Le premier, de 25 0/0 à l'origine et porté à 50 0/0 en 1842, constituait un fonds commun ayant sa comptabilité à part tenue par le trésorier de la fabrique cathédrale. Il devait être réparti chaque mois entre les diverses fabriques *par parts égales* (Décret 18 août 1811, art. 8) et assurait ainsi aux églises pauvres sur le produit du monopole une part très supérieure à celle des profits procurés par les convois effectués dans leur circonscription. Mais en 1859, par suite de l'extension des limites de Paris, le nombre des paroisses passa de 47 à 66, et

---

(1) Voici les chiffres pour 1904 :

Fabriques.	1.493.723 32
Consistoires de l'église réformée'.	48.166 21
Consistoires de l'église luthérienne	22.192 79
Consistoire israélite.	46.201 11
Mais il faut y ajouter le fonds de subventions créé au profit des fabriques nécessiteuses depuis 1859 et se montant à	284.518 77
Total	1.894.802 54

Sur lequel les fabriques ont reçu en réalité 1.778.242 fr. 09.

les nouvelles parties prenantes, souvent pauvres, n'apportaient
à la masse commune des ressources comparables à celles des églises placées dans l'ancien Paris. Dès lors, au prélèvement de 50 0/0
sur la distribution faite aux fabriques qui continua à être réparti
entre elles par portions égales (1), on en a ajouté un autre de
10 0/0 mis en réserve pour être, par les soins d'une commission mixte comprenant des délégués de l'archevêque et du préfet, distribué entre les fabriques les plus nécessiteuses. Le dit
fonds a reçu en 1904 : 284.518 fr. 77.

VII. *Situation générale en* 1904. *Diminution des excédents
de recettes, ses causes.* — Au 31 décembre 1904, date de la
suppression du monopole des fabriques et consistoires, le service
des Pompes funèbres était assuré à Paris sous forme de régie
directe. Propriétaire d'immeubles, d'un matériel et d'approvisionnements ressortissant au dernier inventaire pour une
valeur de 6 050.727 fr. 20 intégralement payés, subvenant à
tous les besoins sans que l'administration municipale eut pu élever aucune critique si ce n'est contre le caractère industriel d'un
tel monopole, le Syndicat avait réussi à augmenter les salaires,
traitements et hautes payes de son personnel tout en allégeant
ses fatigues par certaines réformes, à donner des pensions de
retraite à ses agents en dehors de leur participation, sans compromettre cependant les intérêts de ses commettants ni augmenter les charges du public : les tarifs de dépenses obligatoires
pour les funérailles étaient demeurés ceux de 1859, sur certains
points même ceux de 1811. Pour parer à toutes les éventualités,
quatre réserves avaient été créées, faisant chacune l'objet d'un
compte à part : l'une pour *remonte* en cas d'épidémie sur la
cavalerie (2) ; une seconde pour *amortissement des bâtiments et
de l'outillage,* alimentée par un prélèvement sur les produits de
chaque exercice, qui représentait, au taux de 3 0/0, la dépréciation annuelle de ces diverses richesses (3) ; enfin deux réserves
dont nous avons déjà eu l'occasion de parler : le *fonds général*

---

(1) Cette part, égale pour chaque fabrique, a été, en 1904, de 13.618 fr. 79.

(2) En 1904, le chiffre de la réserve dépassait 87.000 francs.

(3) A raison de 40.000 francs par an, elle avait atteint un moment le chiffre de
755.000 francs, mais avait été réduite par des achats divers. A la fin de 1903, elle
s'élevait à 402.889 fr. 60.

de pensions et secours auquel chaque exercice devait verser 100.000 francs (1) et le *fonds d'amortissement général*, qui a permis de maintenir (2), même dans les années les moins productives, la remise des fabriques à un taux uniforme. L'ensemble de ces réserves se montait en 1904 à 1.378.434 francs.

Au point de vue tant économique que financier, la situation du Syndicat était donc excellente : il a très habilement servi les intérêts des fabriques et consistoires. C'est ce qui a été reconnu unanimement par les représentants de la Ville dans les négociations relatives au transfert du service. « Le service a été géré jusqu'ici très économiquement », a dit le Préfet de la Seine, le 24 fév. 1905, à la commission administrative instituée pour l'examen des mesures d'application du nouveau régime. M. Menant, directeur des affaires municipales, a tenu un langage identique : « L'administration a reconnu que la gestion directe actuelle était des plus économiques. Les experts du service du matériel, consultés sur les prix de revient, ont été unanimes à reconnaître que la Ville n'arriverait pas à faire mieux et que le système de l'adjudication donnerait même des augmentations de dépenses ».

Cependant, depuis 1894, une baisse importante s'est manifestée dans les produits du service et il faut expliquer ce fait dont la prudente et habile gestion du Syndicat n'est aucunement responsable. On peut le rattacher à trois causes.

1° Des améliorations considérables ont été apportées au sort du personnel, qui ont absorbé, à partir de 1891, l'annuité de 448.000 francs environ affectée jusqu'alors à l'amortissement de l'emprunt de 1878. Chaque année a désormais supporté 255.000 francs de supplément comme augmentation des salaires, 80.000 pour le service des pensions de retraite (3), 15.000 fr. d'indemnité aux agents malades, 50.000 francs d'augmentation sur les traitements et frais d'habillement des ordonnateurs (4), enfin un surcroît de frais, difficile à préciser exactement, dû à la

---

(1) Elle était de 660.040 francs en fin 1904.

(2) Elle avait eu à supporter de ce chef en trois ans (1901-1903) un prélèvement de 722.963 fr. 53 et atteignait, à la fin de 1904, le chiffre de 187.841 fr. 56.

(3) 20.000 francs étaient déjà portés antérieurement pour secours seulement.

(4) Dépense imposée par la Ville à compter de 1889.

substitution, depuis juillet 1900, des corbillards aux transports à bras même pour les convois d'enfants.

Les deux premiers chiffres, les plus gros, sont justifiés par des motifs très sérieux. L'augmentation des salaires a été effectuée en 1891 pour prévenir une grève menaçante et, comme conséquences possibles, la désorganisation du service, une mise en régie, la perte pour les églises de leurs plus importantes ressources. Quant à l'établissement des pensions de retraite, il s'explique par des raisons d'humanité et d'opportunité tout à la fois : le service public, d'intérêt communal, des Pompes funèbres ne pouvait guère demeurer privé d'une institution si bienfaisante, alors que tous les services municipaux en étaient pourvus.

2⁰ L'administration municipale a, par ses exigences, imposé de lourdes charges. C'est elle qui, en 1889, a augmenté l'effectif des ordonnateurs, d'où est résulté un supplément de dépenses de 50.000 francs par an. Déjà, en 1887, pour déférer au vœu émis par le Conseil municipal de Paris, le service a décidé de fournir désormais gratuitement une bière et le convoi aux indigents, en cas de décès, non seulement à domicile comme précédemment, mais même à l'hôpital. Le Syndicat y a perdu environ 66.000 francs par an, à raison de la facilité déplorable et vraiment abusive, déjà signalée plus haut (1), avec laquelle sont délivrés par l'autorité municipale les certificats d'indigence.

3⁰ Enfin et surtout la diminution des produits du service résulte d'une réduction considérable du nombre des inhumations. Sauf pour la fabrication des cercueils (2), les dépenses ne varient guère comme importance par suite d'un changement appréciable dans le nombre des convois. Au contraire, le produit moyen par inhumation étant de 111 fr. 59, les recettes baissent sensiblement dès lors que le chiffre des convois décroît. Or, par suite des progrès de l'hygiène ou pour toute autre cause, on meurt moins à Paris et, surtout, nombre de personnes font célébrer les cérémonies mortuaires en province toutes les fois que les corps doivent y être inhumés. Pendant la période des treize

(1) Voir p. 17, note 2.
(2) Encore l'économie réalisée de ce chef a-t-elle été compensée par le renchérissement des bois de sapin et de chêne.

premières années de la régie directe, de 1878 à 1890, le nombre moyen des inhumations à Paris a été de 56.104 ; pendant les trois années suivantes, il a même atteint 56.225 ; mais de 1894 à 1904 la moyenne tombe à 51.848, soit, même par rapport à la période 1878-1890, 4 256 au moins.

Si l'on multiplie ce dernier chiffre par 111 fr. 59 produit net moyen par inhumation, il doit y avoir, correspondante à cette diminution des décès, une moins-value forcée sur les recettes de 474.927 fr. 04 et le montant des remises subira une réduction à peu près égale. C'est ce qui s'est produit. Après avoir atteint, pendant la période 1878-1890, le chiffre moyen par année de 2.229.307 francs, ces remises se sont abaissées, pendant les 11 dernières années, à 1.817.056 fr. 28.

CHAPITRE II

LA LOI DU 28 DÉCEMBRE 1904 ET LA GESTION PROVISOIRE DE 1905

I. *Exposé sommaire de la loi.* — Menacé pour la première fois dès 1879, le monopole intégral des fabriques et consistoires a été définitivement supprimé par la loi du 28 décembre 1904. La proposition de loi, déposée en ce sens par M. Rabier à la Chambre des députés dans la séance du 18 novembre 1902, fut définitivement adoptée le 28 décembre 1904, pour entrer en vigueur, à compter du 1er janvier suivant (art. 7), en France et en Algérie.

Au monopole général et absolu, en même temps que facultatif, des fabriques et consistoires est substitué un régime comportant un double monopole, avec une large part laissée à l'industrie privée. Les anciens titulaires du droit fourniront dans les mêmes conditions que par le passé, s'ils le veulent, « les objets destinés au service des funérailles dans les édifices religieux et à la décoration intérieure *et extérieure* de ces édifices », à charge d'as-

surer gratuitement ce service aux indigents (art. 3) (1). Si donc
les fabriques avaient subsisté ou avaient été remplacées par des
associations cultuelles, les familles n'eussent pas pu faire décorer
l'église à leur gré, à l'occasion d'un service funèbre, ni, même
à l'intérieur d'une chapelle privée, s'abstenir de recourir à elles
pour les fournitures visées à l'article 3 (2). Mais là se bornait
désormais le rôle des représentants du culte.

Les communes ont, elles aussi, un monopole facultatif et limité.
De ce qu'il s'agit là d'une simple faculté, il ne faudrait pas con-
clure qu'à l'exemple des fabriques autrefois, les communes fussent absolument libres aujourd'hui de se désintéresser du service
extérieur qui leur incombe. Sans doute, dirons-nous avec la circulaire ministérielle du 25 février 1905, « les communes ne sont
pas tenues de l'organiser (le service), et, si elles l'organisent,
elles peuvent le faire dans la mesure qu'elles jugent convenable
d'après les usages locaux et les besoins de la population ». Mais
ce monopole ne peut pas être abandonné par simple pré-
térition et au profit de n'importe qui : l'art. 2 de la loi nouvelle
et la circulaire précitée exigent pour cela une délibération spéciale du conseil municipal. Celui-ci ne peut que maintenir d'anciens usages laissant aux familles le soin de pourvoir directement
ou par l'entremise de sociétés charitables laïques au transport
et à l'inhumation des corps (3). La commune demeure toujours
tenue, en vertu des textes antérieurs, d'effectuer l'enterrement
des cadavres dont nul n'assurerait la sépulture. Enfin, là
où le monopole était jusqu'alors (c'est le cas à Paris) exercé par
les fabriques, les communes « ne sont plus seulement auto-
risées à reprendre le matériel appartenant aux établissements
ecclésiastiques, la loi leur en fait une *obligation stricte*. L'obligation ne s'applique d'ailleurs qu'à la partie du matériel exclusi-

(1) Ce droit, et probablement aussi l'obligation corrélative, étaient transférés aux
associations cultuelles, par l'art. 19 de la loi du 9 décembre 1905. A défaut d'associations cultuelles, nul n'est qualifié légalement pour en être titulaire.

(2) La loi de 1904 n'a rien innové quant au tarif du service intérieur. Ce tarif
eut dû toujours être homologué par le préfet en général et, dans les villes ayant
plus de trois millions de revenus, par décret présidentiel (Décr. 18 mai 1806,
art. 7 et 25 mars 1852). A défaut de tarif approuvé, les tribunaux devaient appré-
cier en cas de désaccord sur le montant des frais.

(3) Voir Chambre 23, 27, 29 décembre 1904, *J. Off.*, p. 3271, 3330, 3448.

vement affectée au service extérieur » (Circ. min. sur l'art. 4 de la loi). A défaut d'entente amiable sur la valeur du matériel à reprendre, le conseil de préfecture prononcera.

Le monopole communal est, disons nous aussi, strictement limité. Le texte légal consacre ici une sorte de transaction entre deux tendances qui s'étaient manifestées au cours des travaux préparatoires (1). Un système, très ardemment soutenu notamment par M. Fleury Ravarin, consistait à charger les communes du service public du transport des cadavres, l'industrie privée faisant toutes les fournitures pour les obsèques. Mais, répondait-on, ce service du transport est extrêmement coûteux, vous créez pour les communes un surcroît considérable de dépenses sans compensation (2). Le législateur hésita et en définitive adopta un moyen terme. Le monopole du service extérieur n'est pas restreint par l'art. 2 au seul transport des corps. Mais les fournitures réservées à la commune sont limitativement énumérées. Ce sont « le transport des corps, la fourniture des corbillards, cercueils, tentures extérieures de la maison mortuaire, les voitures de deuil, ainsi que les fournitures et le personnel nécessaires aux inhumations, exhumations et crémations ». Est, par le fait même, exclue du monopole et laissée à l'industrie privée la fourniture des garnitures et mixtures à placer dans l'intérieur du cercueil, des tentures à l'intérieur des maisons et même sous les porches pour chapelles ardentes, des cierges du cortège (3). Par là aussi, le rôle des agences de funérailles, des régleurs de convois, se trouve légalement consacré. Au reste, relativement aux articles abandonnés ainsi au commerce libre, la loi n'interdit pas aux communes (4) de faire concurrence à l'industrie privée. « L'intérêt du service, dit

<hr>

(1) Chambre 29 décembre 1903, 27 décembre 1904. Sénat, 21 juin, 7 et 11 juillet 1904.

(2) A Paris, avec le fonctionnement antérieur du service, le transport des corps représentait, d'après une lettre du préfet de la Seine au ministre en date du 29 décembre 1903, 2.623.142 francs de dépenses, soit un excédent de 1.093.204 francs sur les 1.529.938 francs de recettes. M. Milliès-Lacroix a cité 25 villes de province qui à l'adoption du premier système perdraient annuellement de 19.000 (Le Mans) à 5 000 frcs. (Saint-Dié) (Sénat, 7 juillet 1904, J. Off., p. 791).

(3) Sénat, séance du 11 juil. 1904. J. Off., p. 832, 833. Circ. min., 25 févr. 1905.

(4) Ni, théoriquement au moins, aux fabriques.

la circulaire du 25 février 1905, veut que les familles puissent, si elles le jugent à propos, s'adresser à la municipalité pour l'ensemble des fournitures funéraires ».

Quoiqu'il s'agisse d'un service public, à raison des lourdes dépenses qui en résultent en ce qui concerne les indigents, les communes ont le droit de percevoir des taxes sur les convois payants. Les tarifs, dans lesquels aucun supplément ne peut être prévu pour les présentations et stations aux églises ou aux temples (1), sont votés par les conseils municipaux sous réserve d'approbation par arrêté préfectoral ou par décret dans une ville ayant plus de trois millions de revenus (L. 1904, art. 2 § 2).

L'exploitation du monopole municipal peut avoir lieu sous forme de régie directe ou intéressée, ou encore sous forme d'entreprise par voie d'adjudication et même de marché de gré à gré (2), avec cette restriction toutefois qu'aucun établissement religieux ne peut devenir entrepreneur et que les traités existants sont maintenus jusqu'à leur terme normal (L. 1904, art. 2). S'il y a entreprise, les contestations entre la commune et son cocontractant relèveront des conseils de préfecture ; mais, d'une façon générale et en toute hypothèse, les litiges avec les particuliers seront jugés par les tribunaux judiciaires. Contre toute atteinte portée à son monopole, la commune aura l'action en dommages-intérêts qui compétait déjà aux fabriques.

Ce régime nouveau devait recevoir son application à partir du 1er janvier 1905 (L. 1904, art. 6), et, vraiment, la loi étant votée le 28 décembre 1904, il n'y avait pas le temps matériel suffisant pour se préparer à un tel changement là surtout où le service des Pompes funèbres avait une grande importance. On était fatalement acculé à une organisation transitoire.

II. *Gestion provisoire de 1905.* — Ni le Syndicat des Pompes funèbres ni le Conseil municipal n'avaient à Paris attendu la promulgation de la loi pour se préoccuper de ses conséquences et pour les signaler aux pouvoirs publics. Dès le dépôt de la propo-

---

(1) Les communes sont tenues en outre de constituer leur matériel en vue d'obsèques religieuses aussi bien que d'obsèques sans caractère confessionnel (L. 1904, art. 2, § 4. Circ. min., 25 fév. 1905. Sénat, 11 juill. 1904, *J. Off.*, p. 837).

(2) Les fabriques devaient nécessairement procéder par voie d'adjudication (Décr. 18 mai 1806, art. 7).

sition Rabier, en novembre 1902, le Conseil d'administration avait présenté au Parlement un mémoire (1) concluant au maintien des droits des fabriques : il affirmait notamment, avec chiffres à l'appui, qu'à Paris transférer d'elles à la Ville le service extérieur, c'était priver les premières, dans la proportion de 3/10 au moins, d'une ressource nécessaire à l'équilibre de leur budget (2) et faire supporter par la Ville une charge fort onéreuse, alors que jusqu'ici, en se chargeant des convois des indigents et en contribuant à l'entretien des édifices religieux, le Syndicat exonérait les finances municipales d'une dépense annuelle de près de 1.200.000 francs.

Sur ce dernier point, si hostile qu'il se fut parfois montré au monopole « odieux » des Pompes funèbres à raison de son « caractère industriel » qui est « un scandale et une honte sous un régime républicain (3) », le Conseil municipal se trouvait absolument d'accord avec les représentants du service. Les conseillers parisiens n'ont jamais partagé l'optimisme de M. Rabier dans son rapport du 28 novembre 1902, ni cru le texte légal avantageux pour les finances municipales. Si maintes fois (4), ils avaient réclamé du législateur la substitution des communes aux fabriques dans la jouissance du monopole, ils redoutaient dès 1891 que la question fut résolue contrairement aux intérêts de la Ville. Le 18 novembre 1904, au moment où la loi votée par le Sénat revenait pour la dernière fois devant la Chambre, ils chargeaient une commission de demander au Parlement qu'il transférât « à la Ville de Paris le *monopole exclusif des transports par corbillards, fourgons et berlines, les tentures extérieures et intérieures des maisons mortuaires, la fourniture des cercueils, mixtures et de leurs accessoires* ». La loi fut votée sans que cette protestation fût entendue. La seule allusion qui eut été faite au rapport très documenté de M. Ranvier accusant un déficit annuel de 311.817 francs pour la Ville de Paris, le fut par M. Groussau à la séance du

(1) Le texte en est reproduit dans le compte rendu de 1902.

(2) Sur 69 paroisses parisiennes, 12 au plus pouvaient équilibrer leur budget sans leur part dans les remises des pompes funèbres ; 22 l'équilibraient avec cette part. Mais 35, pour arriver au même résultat, devaient recourir au fonds commun.

(3) Vœu émis le 30 novembre 1891, sur la proposition de M. Faillet.

(4) En 1872, 1878, 1880, 1887, 1891, 1896. Voir le rapport de M. Ranvier au Conseil municipal le 7 avril 1905, (1905, n° 10, p. 102 et suiv.).

23 décembre 1904 (1). Tout ce qu'ont pu obtenir les protestations
du Conseil municipal, c'est l'abandon par le Sénat, sur une lettre
du Préfet de la Seine en date du **29** décembre 1903 (2), du système Fleury Ravarin qui, chargeant exclusivement les municipalités du transport des corps, eût été, pour Paris, cause d'une perte
de près de 1.100.000 francs. Le nouveau rapport de M. Ranvier,
en date du 7 avril 1905, juge sévèrement la loi qu'il appelle *la
loi des régleurs* et dont le Conseil réclamait, le 12 avril, la révi-
sion par cinq vœux successifs (3).

Encore fallait-il cependant tirer de la situation nouvelle le
meilleur parti possible et pour cela, tout en assurant le service
sans interruption, étudier sérieusement les mesures à prendre.
Le Conseil municipal, dans sa séance du 30 décembre 1904, chargea le préfet de lui apporter un projet d'organisation du service
en régie pour la session suivante et celui-ci, sur avis d'une commission mixte nommée le 18 fév. 1905 et comprenant des conseillers municipaux, des délégués tant de l'administration que
des fabriques et consistoires, présenta, dès le **29** mars, un premier mémoire. Par la même délibération du 30 décembre 1904,
le Préfet avait été autorisé à prendre des mesures transitoires.
Ce dernier vote s'imposait. Il était bien impossible, dans un
délai de trois jours, de séparer deux services importants jusque-là étroitement unis, pour les établir sur des bases sérieuses
et durables. On n'avait même pas le temps de fixer dans tous ses
détails un *modus vivendi* provisoire. Tout au moins convenait-il
d'en tracer de suite le plan, et c'est à quoi s'appliquèrent immédiatement les représentants de la ville et des fabriques.

En ce qui concerne ces dernières, remarquons-le, la loi du
28 décembre 1904 n'abrogeant les textes antérieurs qu'en ce qu'ils
ont de contraire à ses dispositions propres, ceux-là subsistaient
qui avaient créé pour Paris le Conseil d'administration et fixé
le mode de répartition des produits du service. Donc d'abord, seul
le Conseil restait le représentant légal des fabriques et consistoires syndiqués, à l'exclusion de tout autre organe désigné
par ceux-ci ; seul aussi, dans les limites fixées par le décret de

(1) Chambre. *J. Off*. du 24 décembre, p. 3271.
(2) Annexée au compte rendu de la séance du 7 juill. 1904 au Sénat.
(3) 1905, C, 260-264.

1875, il demeurait qualifié pour traiter avec la Ville et organiser
la part du service non enlevée aux fabriques (1). De plus, abstraction faite des bénéfices réalisés sur le service extérieur,
désormais acquis à la caisse municipale, il devait répartir les
produits de l'exploitation d'après les mêmes règles que par le
passé, à peine d'engager la responsabilité pécuniaire de son agent
comptable devant la Cour des comptes. Le dit conseil entra de
suite en pourparlers avec la Ville et en cela (les faits l'ont sura-
bondamment prouvé) il fut bien inspiré. La loi était votée, il fallait bien en subir les conséquences, sauf à éviter tout ce qui
pourrait, par suite de l'attitude prise, en aggraver encore les
effets. Il a donc, non provoqué les avances de la Préfecture de
la Seine, mais accepté immédiatement de conférer avec elle.

Le 29 décembre 1904, jour de la promulgation de la loi au
Journal officiel, son président recevait du Préfet une lettre invitant le Syndicat à continuer, « jusqu'à nouvel ordre, à assurer le
service comme par le passé, *sauf à régler ultérieurement la part
revenant à chacun, en vertu des dispositions de la nouvelle loi* ;
étant donné qu'il y aura compte à faire pour la transmission du
matériel, cette exploitation intérimaire en commun pourrait être
réglée en même temps. » Convoqué d'urgence le 30 décembre, le
Conseil d'administration accepta la proposition, mais exprima, par
l'intermédiaire de son président, le désir de procéder au règlement définitif le plus promptement possible. Il réclamait aussi
l'envoi immédiat au siège du Syndicat d'un délégué spécial de
la Ville pour contrôler les inventaires de fin d'année relativement aux matières, marchandises et fournitures réelles, destinées
à être livrées ou consommées a partir du 1ᵉʳ janvier au compte
du service municipal.

Ainsi l'exécution du service était assurée. Mais rien n'était fixé
quant aux conditions du règlement ultérieur à intervenir. Le
Conseil d'administration prit dès lors une mesure de prudence :
il réduisit ses distributions mensuelles aux fabriques et consistoires (2) aux seuls produits bruts du service dans les églises et les
temples, conservant même 30 0/0 de ces produits pour faire face

(1) Une délibération expresse a été prise le 16 mars 1905 par le dit Conseil pour
affirmer ces points.
(2) Ils en furent avisés par une note circulaire du 28 février 1905.

aux dépenses correspondantes. En outre, il s'appliqua à écarter toutes les causes possibles de contestation avec la Ville. Dès le 28 février 1905, une lettre de son président au Préfet précisait les droits dont le Syndicat se reconnaissait dépouillé par la loi du 28 décembre et ceux qu'il entendait se réserver dans l'exploitation commune. Les questions soulevées avaient trait : 1° à la tenture et décoration intérieure des maisons mortuaires ; — 2° aux mixtures et accessoires de cercueils : le Syndicat voulait se réserver le bénéfice de ces articles pendant la gestion intérimaire, concurremment bien entendu avec l'industrie privée ; — 3° aux intérêts du capital d'exploitation qui, non distraits du produit net à distribuer tant que les fabriques et consistoires agissaient pour leur propre compte exclusivement, devaient l'être, partiellement au moins, du jour où elles devenaient régisseur d'un service municipal ; — à l'attribution par la Ville au Syndicat, pour la durée de cette régie, 4° d'une indemnité de dépréciation du matériel et des bâtiments, au taux de 3 0/0 par an de leur valeur (1), quant aux objets à reprendre par la Ville et 5° une indemnité de régie de 3 0/0, à titre de rémunération d'un service accepté dans l'intérêt de ladite ville. Ces deux derniers points étaient importants, surtout comme solution d'une question de principe.

La municipalité parisienne n'adhéra pas *de plano* à ces prétentions. Dans sa lettre du 11 mars, le préfet réclamait pour la ville, comme un droit (2), le bénéfice intégral soit des tentures, même intérieures, des maisons mortuaires, soit des accessoires de cercueils. Il protestait en outre contre toute idée d'une rémunération de régie. Le 16 mars, réplique du président du Conseil d'administration qui, après discussion des arguments invoqués par le Préfet, conclut en demandant avant tout la cessation aussi prochaine que possible, et pour le 1er juillet 1905 au plus tard, d'une régie acceptée à titre tout provisoire.

Sur ce dernier point, tous étaient d'accord, chacun ayant le

---

(1) Ce taux eut été inférieur à celui stipulé au profit de M. Vaffiard pendant la régie intéressée de 1872 à 1878.

(2) Le contraire résulte pourtant de façon indéniable, soit du texte de la loi, art. 2, et de la circulaire du 25 fév. 1905, soit des travaux préparatoires (Sénat, séances des 21 juin et 11 juill. 1905. *J. Off.*, p. 591, 833).

désir de mettre fin rapidement à une situation anormale. Mais les tarifs votés par le Conseil municipal n'étaient pas encore approuvés par le Chef de l'Etat au 1er juillet, pas plus d'ailleurs que n'étaient achevées les constructions élevées par le Syndicat pour installer le matériel afférent à la partie du service qui lui demeurait attribuée. Il fallut se résigner de part et d'autre à prolonger jusqu'au 31 décembre l'exploitation en commun. En même temps, pour éviter toutes les difficultés qui auraient pu naître d'un règlement de comptes détaillé, le Préfet proposa, le 30 juin, de fixer forfaitairement la part des bénéfices à prendre par la Ville, le surplus appartenant en totalité au Syndicat. L'idée fut adoptée par les représentants de celui-ci, dans un esprit de très large conciliation, malgré les procédés un peu étranges du Conseil municipal.

Voici les bases de ce traité. Le Syndicat continuait à exploiter à son profit l'intégralité des services tant intérieur qu'extérieur. Il supportait, en dehors des droits de timbre et d'enregistrement de la convention, les frais de la dernière remonte de cavalerie, puis toutes les dépenses de l'exploitation, y compris les 200.000 francs de loyer ordinaire pour l'immeuble communal sis 104, rue d'Aubervilliers, la contribution de 0 fr. 60 par fosse creusée et la totalité des frais du service de l'inspection et des ordonnateurs. Il perdait une recette importante et c'était la part de bénéfice attribuée à la Ville : celle-ci était dispensée de payer la redevance de 3 francs par inhumation devant représenter à peu près 150.000 francs pour l'année entière. L'accord s'était établi sur ces bases entre le préfet et le conseil d'administration. Le conseil municipal, allant plus loin, réclama la suppression de la redevance municipale de 2 fr. 50 par inhumation d'embryon ou de mort-né, évaluée à une dizaine de mille francs. Le Syndicat finit, de guerre lasse, par y consentir.

Cette convention transactionnelle a été profitable aux deux parties, surtout à la Ville. Celle-ci, et elle le savait bien, n'aurait pu réclamer utilement aucune part dans les bénéfices provenant d'articles qui ne rentrent pas dans le monopole municipal d'après l'art. 2 de la loi : si, dans l'avenir, elle prétendait en tirer quelque profit sur le terrain de la concurrence avec l'industrie privée, encore fallait-il que la fourniture vint d'elle et le Syndicat,

ayant de son côté capacité pour la faire, ne pouvait manquer de
l'effectuer en 1905 à l'avantage de ses mandants. Le service du
transport des corps, avec le cortège et les tentures extérieures
des maisons mortuaires, s'était traduit en 1904, d'après les calculs du Syndicat, par un excédent de dépenses de 322.900 francs,
qui n'eut certes pas été compensé en 1905 par la seule fourniture
des cercueils. La gestion eut été onéreuse pour la Ville qui au
contraire, sans aucun risque de gestion ni frais de régie, n'a pas
eu à débourser les 158.824 fr. 50, représentant sa part contribu-
tive sur 49.879 inhumations. — Mais les fabriques et consistoires
y ont de leur côté trouvé le grand avantage d'éviter les difficultés et les lenteurs forcées d'un règlement de compte très com-
plexe et probablement d'une longue instance judiciaire. Ils ont
pu se partager immédiatement 1.465.150 fr. 86 représentant, pour
l'année 1905 entière, 30 0/0 du produit brut des deux premières
sections du service général (1). Ce chiffre global comprenait
d'une part 232.347 francs non relatifs à l'exploitation proprement
dite (2), de l'autre 1.232.803 francs bénéfice réalisé dans l'année.
A le prendre même tout entier, tel qu'il a été distribué (3) après
prélèvement de la part de la Ville, les remises aux fabriques et
consistoires ont diminué de 429.651 fr. 68 par rapport à 1904.

En effet les comptes de l'exercice font dans leur ensemble ressortir un bénéfice de 1.623.975 fr. 36, inférieur de
270.827 fr. 18 (4) à celui de l'année précédente. Le nombre des
inhumations n'a cependant guère varié, il a même augmenté de
43 unités. Mais les effets de la nouvelle loi se sont fait sentir et
les recettes ont baissé beaucoup plus vite que les dépenses (5).

(1) Ils se sont également distribué 323.048 fr. 81 qui avaient été réservés, par
mesure de prudence, sur l'excédent de recettes de l'exercice 1904.

(2) Ils se décomposent ainsi : intérêts des fonds placés : 29.999 ; valeur des
approvisionnements consommés et non remplacés en 1905 : 75.000 fr. ; intérêts à
3 0/0 du capital affecté à l'exploitation du service extérieur : 127.348 francs.

(3) Afin de ne pas abaisser la remise au-dessous de 30 0/0 du produit des deux
premières sections, aucun prélèvement n'a été fait pour la réserve d'amortissement des bâtiments et de l'outillage et 92.295 francs seulement ont été portés au
fonds d'amortissement général.

(4) 270.827 fr. 18 + 158.824 fr. 20 part forfaitaire de la ville = 429.651 fr. 38,
chiffre total de la diminution des remises.

(5) Recettes ordinaires : 5.725.388 fr. 69, en baisse, sur 1904, de 415.444 fr. 18.
Dépenses ordinaires : 3.983.438 fr. 09, en baisse de 85.684 fr. 62.

S'il n'y a pas eu de changement très appréciable (baisse de 7.500 francs) dans les profits venant de la décoration des édifices religieux, la tendance certaine a été, de la part des familles, de restreindre le luxe des cortèges. Surtout, l'industrie privée est entrée en concurrence à l'égard de certaines fournitures productives, antérieurement comprises dans le monopole fabricien. Ainsi la recette brute est tombée de 808.426 francs en 1904 à 704.284 en 1905 pour les maisons mortuaires et de 390.653 francs à 209.959 francs pour les accessoires de cercueils. Le public n'y a rien ou à peu près rien gagné.

Relativement à ces comptes de 1905, deux observations doivent être faites, d'une importance réelle :

1° Les dépenses extraordinaires sur fonds spéciaux, nulles en 1904, se sont élevées en 1905, à 294.755 fr. 84 qui ont été fournis par les réserves. Elles ont trait aux frais d'expertise du matériel et des immeubles cédés à la Ville, aux dépenses d'organisation du nouveau service intérieur (1) et de constructions nécessitées par elle (2). Les réserves en ont subi le contrecoup : tandis qu'elles recevaient moins du service d'amortissement, elles ont eu à supporter des charges importantes. En fin d'exercice, leur total s'élevait à 1.082.166 francs (3), en diminution de 296.267 francs par rapport à 1904.

2° La loi du 28 décembre 1904 a eu pour effet de rendre caduc le règlement des pensions servies au personnel du Syndicat des Pompes funèbres depuis le 1ᵉʳ janvier 1891. La suppression du monopole antérieur réalisait l'éventualité prévue à l'art. 10 dudit règlement. Néanmoins, les représentants du Syndicat ont considéré qu'ils avaient l'obligation, non plus certainement légale, mais du moins morale, de continuer à s'intéresser au sort de leurs anciens agents. Ils ont donc entamé de suite des négociations avec la Ville pour que, moyennant une contribu-

(1) 112.244 fr. 75 ont servi à constituer au profit de deux agents supérieurs du service une rente viagère destinée à remplacer pour eux la pension de retraite.

(2) L'exercice 1905 supporte une partie des dépenses d'aménagement faites au nᵒ 15 de la rue Curial, soit 144.478 francs, le surplus étant reporté à l'exercice 1906.

(3) Dont 186.972 fr. 74 pour le fonds d'amortissement général et 672.393 fr. 13 pour le fonds général de secours.

tion de leur part, elle prit à sa charge la continuation du service des pensions déjà liquidées ou à liquider. Pour l'année 1905 où ils conservaient l'exploitation générale, rien n'a été changé aux anciens errements. A titre purement bénévole donc, 87.647 francs ont été employés en 1905, soit en secours accidentels, soit surtout en continuation de pensions de retraite déjà liquidées et de secours annuels renouvelables, avec cette modification que ce dernier qualificatif s'applique désormais même à ce qui constituait jusqu'alors les pensions.

CHAPITRE III

APPLICATION DÉFINITIVE DE LA LOI DU 28 DÉCEMBRE 1904

A compter du 1er janvier 1906, les sphères réciproques d'action sont bien séparées entre les fabriques et consistoires confinés désormais dans le service intérieur et la Ville de Paris dirigeant le service extérieur, sauf à pouvoir, les uns et les autres en théorie et pratiquement la Ville seule (1), faire concurrence à l'industrie privée pour toutes fournitures ne rentrant dans aucun des deux monopoles. Il nous faut dire : 1° comment s'est effectué le règlement d'intérêts entre le Syndicat et la Ville ; 2° dans quelles conditions fonctionnera dorénavant le monopole limité des établissements ecclésiastiques et 3° enfin comment la Ville a organisé son service.

I. *Règlement entre la Ville et le Syndicat.*

La gestion provisoire du service extérieur en 1905 n'a donné lieu à aucun compte. La Ville a reçu, à titre de forfait, 158.824 fr. 50 et le Syndicat a exploité à ses risques et périls. Nous n'avons donc à nous occuper que du matériel, des immeubles et du personnel.

_____

(1) Les fabriques ont en effet volontairement renoncé, à compter du 1er janv. 1906, à faire toutes fournitures ne rentrant pas dans leur monopole.

A. *Rachat des immeubles et du matériel.* — Tenue en droit (L. 1904, art. 4) de reprendre, à dire d'experts ou sur arrêté du Conseil de préfecture, le matériel des pompes funèbres à l'usage du service extérieur, la Ville eut été, en fait, à l'encontre de ses intérêts si elle eut omis d'acquérir la plus grosse partie des locaux servant à abriter ce matériel, aménagés à cet effet, l'un d'eux d'ailleurs très voisin de celui, à elle appartenant et ayant semblable affectation, du 104 de la rue d'Aubervilliers. Il n'y eut donc pas plus d'hésitation de sa part sur le second point que sur le premier. Le Syndicat devait toutefois conserver un local pour l'installation du service intérieur. Il offrit de céder tous ses biens propres à l'exclusion d'une superficie de 4.430 mq. gardée au n° 15 de la rue Curial pour sa propre exploitation, dont les experts fixeraient la valeur. Cette combinaison, approuvée par la commission du Conseil municipal, le fut aussi par celui-ci dans les séances des 12 avril et 26 juin 1905. Pour gagner du temps, tandis que se faisait l'expertise, on procédait aux enquêtes réglementaires pour le rachat des immeubles.

A l'égard du matériel, dès le 30 décembre 1904, le Syndicat avait réclamé une expertise rapide et il avait même désigné immédiatement son représentant. Mais, dans la commission mixte créée par l'arrêté préfectoral du 18 février 1905, on s'entendit de part et d'autre pour procéder, dans l'évaluation des immeubles et du matériel à céder, non par voie d'expertise régulière et légale (ce qui eut presque fatalement provoqué l'intervention du conseil de préfecture), mais sous forme de débat contradictoire et amiable entre trois agents de la préfecture de la Seine et trois délégués du Syndicat (1). L'opération fut menée activement et eut un succès complet. Le 6 décembre 1905, le Préfet en communiquait au Conseil municipal les résultats.

En réponse à son mémoire et par délibération du 30 décembre (2), le Conseil municipal l'a autorisé :

<hr>

(1) Pour la Ville c'étaient les directeurs des services d'architecture, des travaux et du matériel ; pour le Syndicat MM. Hamel, président et Hocquet membre du Conseil, M. Sévilla directeur du service.

(2) *Bull. mun.* 26 janv. 1906, p. 485 (1905, 3227 A et 3540 A).

1° à acquérir pour le compte de la Ville de Paris, la prise de possession étant fixée au 1er janvier 1906 :

	francs
a) Trois immeubles appartenant au Syndicat (y compris installations et machine à vapeur) (1).	1.750.685
b) Un matériel d'exploitation pour un prix à fixer définitivement à la suite d'un récolement postérieur au 31 décembre 1905 sans qu'il puisse dépasser	2.554.620
2° A payer au Syndicat pour installations faites par lui dans l'immeuble qu'il louait à la Ville, 104, rue d'Aubervilliers, une indemnité de.	94.695
Total maximum dû au Syndicat. .	4.400.000

Cette somme était payable sans intérêt, avant le 1er avril 1906. Elle était passible d'intérêt à 3 0/0 à compter de cette date et à 4 0/0 à partir du 1er juillet.

Mais, indépendamment de ces 4.400.000 francs, la Ville avait à supporter, et le Conseil autorisait le même jour ces dépenses supplémentaires (2) :

	francs
1° Pour droits d'enregistrement et frais d'acte de cession du matériel	80.000
2° Pour droits d'enregistrement sur les immeubles (avance restituable après déclaration d'utilité publique)	130.000
2° Pour honoraires d'experts et paiement de travaux de rédaction exceptionnels	20.000
Soit	230.000

A l'exception des derniers 20.000 francs prélevés sur un crédit spécial du budget de 1905, le Conseil municipal demandait le surplus au fonds de trésorerie, sauf restitution ultérieure par

---

(1) L'immeuble de la rue d'Aubervilliers n° 126 avec machines à vapeur (7.963 mq. 88) 856.352 20
Celui de la rue d'Aubervilliers, n° 124 (2.250 mq.) . . . . . . 146.750 »
Celui de l'avenue du Maine, n° 141 (4.494 mq. 70). 746.943 50
Installation de magasins de cercueils. 639 30
____
1.750.685 »

De l'ancien domaine immobilier du syndicat subsiste seul le terrain conservé, 15, rue Curial et estimé, avec ses constructions 515.321 francs, en 1904.

(2) *Bull. mun.* 26 janv. 1906, p. 485, 486 (1905, 3227 A, C, D, 3540, A, C, D).

l'Etat des 130.000 francs simplement avancés, et, pour les 4.480.000 francs restants, au moyen d'un emprunt à faire. Le 30 décembre 1905 encore (1), le préfet était invité à solliciter l'autorisation d'emprunter à un taux d'intérêt ne pouvant dépasser 3 fr. 60 0/0, intérêts, primes et lots compris, une somme de 4.580.000 francs, remboursable en vingt ans, 100.000 francs étant prévus pour dépenses exceptionnelles et frais d'emprunts (2). Enfin 250.000 francs devaient être pris sur le budget municipal de 1906 à la réserve pour imprévus et remis à titre d'acompte au Syndicat dès la fin du mois de janvier 1906.

L'année 1905 était à peine écoulée que le récolement de l'inventaire avait lieu. Le prix de cession se trouvait dès lors définitivement fixé à 4.244.946 fr. 29, le matériel et les approvisionnements entrant dans cette somme pour une valeur de 2.400.205 fr. 03 (3). Le paiement était réalisé dans les premiers jours de mai 1906, sauf quant aux immeubles. Pour ces derniers, un retard s'est produit imputable au seul ministère ; celui-ci a empêché que les fabriques pussent toucher ces 1.750.000 francs avant le 11 décembre, date de leur disparition définitive d'après la loi de séparation.

Réserve faite d'une part destinée à constituer un fonds gageant les obligations du Syndicat, notamment en ce qui concerne la contribution à fournir à la Ville au cas où elle continuerait le service des pensions, les sommes reçues en paiement ont été distribuées entre les fabriques et consistoires d'après les bases suivantes. Tout l'actif du Syndicat a été tenu pour la représentation des bénéfices *réservés* sur les produits des 15 premières années de la gestion directe (1878-1892), pendant lesquelles l'emprunt de 4 millions a été amorti et 2.250.515 francs de réserves créés (4).

(1) *Bull. mun.* 26 janv. 1906, p. 485 (1905, 3227 B et 3540 B).
(2) L'annuité est évaluée à 352.000 francs.
(3) Ils avaient été achetés à M. Vafflard en 1878 : 3.086.344 francs. Mais le Syndicat en garde une portion estimée au dernier inventaire 1.480.900 francs et par ailleurs le stock des approvisionnements avait diminué, au cours de l'année 1905, de 75.936 francs. Si l'on ajoute à ces deux chiffres celui de 515 321 francs, valeur du terrain et des constructions conservés 15, rue Curial, on forme, avec les 4.244.946 francs montant du prix de cession à la ville, un total de 6.017.003 francs fort approchant de la valeur ressortissant au dernier inventaire du 31 décembre 1904 : 6.050.727.
(4) Soit en tout une valeur de 6.250.515 francs dépassant un peu le chiffre cité ci-dessus du dernier inventaire.

Le prix de cession d'une grosse partie de cet actif a été dès lors réparti dans les mêmes proportions que l'avaient été entre les fabriques et consistoires, à titre de remises, les produits *non réservés* de ces mêmes quinze années. Le culte catholique recevra du total 84,421 0/0 pour les 69 fabriques (1) et 10,186 0/0 pour le fonds de subventions aux paroisses nécessiteuses. Les consistoires des deux églises réformée et luthérienne auront respectivement 2,321 0/0 et 1,395 0/0 ; le consistoire israélite 1,677 0/0.

B. *Personnel.* — Des 952 agents et ouvriers qu'il employait encore en 1904, le Syndicat ne pouvait évidemment garder qu'une soixantaine environ. De son côté, nulle part la Ville ne pouvait trouver un personnel plus expérimenté et éprouvé que dans leurs rangs. En conséquence, licencié le 28 novembre 1905 à compter du 1er janvier suivant par l'administration des Pompes funèbres, le personnel était repris presque tout entier par la préfecture ; il en a été ainsi notamment de tous les employés de bureau sauf deux. Mais restait la délicate question des retraites.

Certes, elle ne se posait pas en droit : on conçoit parfaitement l'attitude du préfet de la Seine repoussant au nom de la Ville la charge entière des pensions déjà liquidées au profit d'anciens employés des pompes funèbres et des pensions à verser ultérieurement à un personnel comptant 799 individus actuellement âgés de plus de 40 ans (2) ; et il n'y avait pas davantage en cette matière d'obligation légale pour le Syndicat des Pompes funèbres. La Ville ne pouvait être tenue envers des hommes dont quelques-uns n'ont jamais été ses employés, tenue de servir à tous une pension à la constitution de laquelle ils n'ont aucunement contribué, d'après un règlement à l'élaboration duquel elle avait été tout à fait étrangère. Quant au Syndicat, il avait fait des pensions de retraite à son personnel une libéralité pure et simple, la subordonnant par l'art. 10 de son règlement, très sagement d'ailleurs, à une condition que la loi du 28 décembre 1904

---

(1) Entre celles-ci, la sous-répartition des 84.421/100 sera faite proportionnellement aussi à la part de remise que chacune d'elles a touchée sur l'ensemble des fonds alloués aux paroisses pendant les mêmes quinze années.

(2) Dont 234 de plus de 50 ans et 61 de plus de 60. La Ville ne voulait même pas s'engager à reprendre en bloc tout ce personnel. Sauf résultat défavorable de la visite médicale, elle a conservé tous les agents n'ayant pas 60 ans.

réalisait : il était donc légalement libéré de toute obligation en même temps que privé des moyens de continuer ce service. M. Parizot était mal inspiré, quand, devant la commission mixte (1), il comparait cette administration à un commerçant se retirant librement après fortune faite, auquel il incombe d'assurer le sort de ses employés. La Chambre syndicale du personnel des Pompes funèbres ne l'était pas mieux, le 13 mai 1906, en assignant en référé le président du Syndicat afin de faire nommer un séquestre des biens dudit Syndicat et de sauvegarder ainsi le capital nécessaire au service des pensions, au moment où des sommes importantes allaient être versées par la Ville. Non seulement le Président du tribunal n'avait pas qualité pour prendre la mesure réclamée, mais, au principal où il l'a renvoyée à se pourvoir, la Chambre syndicale ne serait pas plus écoutée. Encore une fois, le Syndicat avait fait à son personnel une libéralité sous condition résolutoire ; la condition se réalise sans qu'il y ait la moindre faute de sa part, il est *ipso facto* libéré.

Mais, à défaut d'obligation légale envers les employés des Pompes funèbres, n'y en a-t-il pas une très réelle, quoique purement morale, de la part tant de la Ville qui va continuer le même service public avec le même personnel et en tirera profit que de la part des fabriques et consistoires pour qui le travail de ces agents a contribué efficacement à produire et les remises annuellement distribuées et le capital dû par la Ville ? Ceux-ci l'ont pensé. A la suite d'une délibération du Conseil d'administration en date du 28 novembre 1905, par deux fois, verbalement le 5 et par écrit le 14 décembre, le préfet reçut du Syndicat l'offre de faire remise de onze cent mille francs à la Ville sur le montant de sa dette à la double condition qu'elle prendrait à sa charge le service des pensions déjà liquidées ou à liquider à l'égard du personnel dans les conditions du règlement de 1891. C'était pour l'administration ancienne un gros sacrifice au moment même où, sans indemnité aucune, elle était privée d'une partie notable de son exploitation.

Il y avait de bonnes raisons pour que la Ville en fît un de son côté. Branche importante et bien délicate de l'administration

(1) Séance du 4 novembre 1905. Rapport Ranvier, n. 135 de 1905, p. 30.

municipale, le service des Pompes funèbres à Paris avait été rempli depuis trente ans dans des conditions aussi parfaites que possible, et l'exploitation du monopole par le Syndicat avait fait économiser une somme de un million à 1.100.000 francs par an à la caisse communale qui contribuait aux frais du *service ordinaire* par la seule indemnité de 5 francs, puis 3 francs, par corps, soit au maximum 300.000 francs sur un total annuel de 1.300.000 francs, alors que la taxe d'inhumation lui en procurait au moins 400.000 francs. Cependant, une lettre du préfet de la Seine, en date du 22 décembre 1905, rejeta la proposition du Syndicat, la déclarant trop onéreuse pour la Ville. Les représentants du Syndicat revinrent à la charge, et auraient consenti à porter à 1.500.000 francs leur part contributoire. Mais on leur signifia le 26 décembre qu'ils devraient pour réussir offrir deux millions au moins et, devant ces prétentions exagérées, ils rompirent les pourparlers. — Les 1.100.000 francs offerts à la Ville resteront du moins affectés à des secours aux vieux serviteurs du Syndicat. 675.000 francs sont destinés aux anciens agents déjà retraités : leurs pensions aujourd'hui supprimées sont, après réduction immédiate d'un premier cinquième, tranformées, à compter du 1er janvier 1906, en secours annuels et renouvelables, d'une quotité à fixer chaque année, alloués par mensualités mais à titre bénévole et précaire. Les 425.000 francs restants fourniront une indemnité de départ aux agents qui se sont trouvés sans place au 1er janvier 1906, faute d'être repris par la Ville ou conservés par le Syndicat.

II. *Organisation par le Syndicat du service intérieur.*

Il a été pris des mesures immédiates pour l'organisation de ce service réduit et quant aux locaux et quant au personnel. Sur le terrain de 4.430 mq. distrait par lui de la cession de ses immeubles, le Syndicat a fait opérer des constructions, modifications et aménagements. Les travaux, conduits avec célérité, ont permis la séparation complète du matériel entre la Ville et le Syndicat, la division absolue des services pour le 1er janvier

1906. L'économie la plus stricte a présidé à l'opération représentant une dépense de 238.500 francs.

A la tête de son personnel réduit le Syndicat a maintenu deux chefs dès longtemps éprouvés : le directeur du service général et le chef de la tenture, qui se sont l'un et l'autre engagés à continuer leurs fonctions pendant cinq ans au moins et, moyennant la constitution d'une rente viagère à leur profit (1), ont renoncé à toute pension de retraite dans l'avenir. Pour les autres agents, le règlement de 1891 continue à s'appliquer, avec suppression toutefois de l'article 10 frappant de caducité et de révocabilité les liquidations ou promesses de retraites au cas où la législation serait changée quant à l'organisation des Pompes funèbres ou des fabriques et consistoires.

Le service intérieur a été strictement restreint à la décoration des édifices religieux. Si, en 1905, le Conseil d'administration avait tenu à affirmer son droit d'exploiter les fournitures laissées par la loi de 1904 dans le domaine de tous, si même il avait exercé ce droit et en avait retiré un bénéfice net de plus de 300.000 francs, c'est qu'alors il était encore, quoique provisoirement, chargé du service général. A l'avenir, cette branche d'exploitation, objet d'une active concurrence de l'industrie privée et surtout de la régie municipale, procurerait des ressources fort aléatoires, mais entraînerait certainement des charges de personnel, d'entretien et de traction du matériel, d'impôts, sans compter les conflits possibles avec la municipalité. Dans ces conditions, mieux valait céder de suite à la Ville, qui désirait l'acquérir, un matériel destiné peut-être à se déprécier et à devenir improductif (2) et renoncer à toutes opérations autres que celles demeurant réservées sans conteste aux seuls fabriques et consistoires. C'est ce qui a été fait.

Le produit net du nouveau service sera assurément fort modique par rapport au passé. Il y aura perte, impossible à évaluer exactement, mais certaine, car des sources très productives de

---

(1) La somme de 112.244 fr. 75, représentant le capital versé à une Compagnie d'assurances dans ce but, a figuré dans les comptes de l'exercice 1905.

(2) Il a été compris pour 160.000 francs dans la vente faite à la ville.

revenus jusque-là ont disparu (1) et les frais généraux seront relativement plus élevés, se répartissant sur un chiffre d'affaires moindre. En 1905, on avait distribué aux fabriques un million 465.150 fr. 86 (2) et la recette brute du service intérieur avait été de 1.175.271 fr. 80, y compris les intérêts des fonds libres placés en compte courant au Trésor. Si autrefois, défalcation faite des dépenses, le bénéfice dudit service dépassait toujours 900.000 francs (3), dans les conditions nouvelles, les prévisions de dépenses ne pouvaient être inférieures à 300.000 fr., d'où l'excédent de recettes à distribuer ne devrait pas excéder 875.000 francs, au lieu de 1.623.000 francs moyenne des cinq dernières années (4). Du moins, les fabriques pouvaient compenser ou atténuer cette perte par un placement à intérêts des sommes leur revenant de la cession faite à la Ville.

A peine reconstitué sur ces bases restreintes, le Syndicat des Pompes funèbres a subi un coup, plus décisif encore. La loi du 28 décembre 1904 l'avait laissé à l'état d'établissement public, comme les fabriques et consistoires dont il était le mandataire, chargé comme eux d'un service public. Mais celle du 9 décembre 1905 a supprimé ses mandants, abrogé la législation concordataire et retiré tout caractère public au service du culte. Le Syndicat est frappé de mort par ce texte. Eût-on formé des associations cultuelles qui l'eussent maintenu dans ses fonctions, il aurait du moins cessé d'être un établissement public. Faute d'associations cultuelles constituées pour le culte catholique, il va disparaître même en fait, et ses biens, confondus en majorité avec ceux des fabriques, seront placés sous séquestre puis attribués par décret aux établissements visés à l'art. 9 de la loi de séparation. Quoi qu'il advienne d'ailleurs, il ne rentre pas dans notre étude d'envisager ce point.

---

(1) Les fournitures accessoires de cercueils et les tentures des maisons qui avaient fourni respectivement une recette brute de 390.653 francs et 808.426 en 1904 et de 209.759 et 704.284 francs en 1905 encore.

(2) Soit un produit net de 1.623.975 fr. 36, en y comprenant les 158.824 fr. 50 versés forfaitairement à la ville.

(3) Il figurait en 1904 pour 943.000 francs.

(4) La moyenne des remises pendant ces cinq années a atteint 1.736.200 francs, mais grâce à des prélèvements sur les réserves.

III. *Organisation par la Ville du service extérieur.*

La tâche incombant à la Ville était bien plus délicate que celle du Syndicat. Celui-ci perdait les 2/5 de ses revenus annuels, mais il conservait un service déjà connu de lui, productif en soi sans augmentation de tarifs, et n'avait à craindre dans sa sphère d'action restreinte aucune concurrence ; ses dépenses d'installation nouvelle étaient peu élevées, en comparaison surtout des sommes considérables à recevoir de la Ville. Au contraire, celle-ci commençait par payer quatre millions et demi en chiffres ronds comme prix d'acquisition. De plus, si elle n'avait plus à verser au Syndicat 160.000 francs environ par an sur la taxe d'inhumation, elle perdait les ressources annuelles venant de lui : 200.000 francs pour le loyer de l'immeuble de la rue d'Aubervilliers ; 26.000 francs pour frais de fossoyage ; 245.000 francs pour le traitement des inspecteurs et ordonnateurs. Voilà l'entrée en matière, sans même compter les frais d'aménagement à faire dans les locaux. — Là du reste n'était pas la principale difficulté. Il fallait transformer les règles du service conformément à celles adoptées à l'égard des ouvriers municipaux, et ce changement ne pouvait qu'être fort onéreux. Or la part du service rentrant sans conteste possible d'après le texte de la loi dans le monopole municipal est loin d'être rémunératrice, et M. Ranvier prévoyait, à s'en tenir à cette part, un déficit assuré et annuel de 220.000 francs, en dehors de toute charge nouvelle résultant de la municipalisation (1). Que si l'on voulait combler ce déficit par des ressources venant du service lui-même, il fallait de toute nécessité ou élever les tarifs au préjudice du public ou lutter contre l'industrie privée soit pour faire élargir par des décisions judiciaires les limites estimées trop étroites du monopole municipal, soit pour triompher d'elle sur le terrain de la libre concurrence. Au milieu de toutes ces ques-

---

(1) Rapport de 1905 (Doc. 1905, n. 10), p. 171. Les chiffres établis par le Syndicat pour 1904 sont loin de contredire cette conclusion. Ils accusent un déficit de 322.919 francs pour le service extérieur, mais sans compter la fourniture des cercueils qui le diminuerait notablement.

tions discutables, une seule chose était certaine : on se trouvait en présence d'un déficit annuel considérable.

On conçoit bien, en pareille hypothèse, les protestations indignées du Conseil municipal contre la façon dont le Parlement avait sacrifié les finances parisiennes au profit de la « liberté commerciale ». Mais il est curieux en même temps de voir les plus farouches adversaires d'un monopole industriel en la matière tant qu'il était exercé par le Syndicat des fabriques, en réclamer âprement l'extension du jour où il devient communal. Rien de plus naturel d'ailleurs et le conseil municipal se devait à lui-même de défendre les finances de la Ville. Il a pris en somme des mesures judicieuses qui, si le public en souffre quelque peu, n'imposeront pas du moins au budget parisien une charge qu'à l'aide de ses ressources ordinaires il n'eût pu supporter (1), et même, quoiqu'on se soit défendu bien haut de poursuivre un tel résultat (2), lui laisseront un bénéfice sérieux.

Deux questions se posaient de prime abord : 1° A quelle somme pouvait-on évaluer l'augmentation des dépenses par rapport au passé, quelle qu'en pût être la cause ? 2° Où prendrait-on les ressources pour y faire face ? S'adresserait-on au budget général de la Ville ou, la réforme se suffisant à elle-même, demanderait-on au service lui-même un supplément de recettes ? Et dans cette seconde hypothèse, quelles taxes seraient établies ou remaniées ? Un décret étant nécessaire pour approuver toute création ou élévation de taxe, il était nécessaire d'être fixé sur les besoins et les ressources disponibles au jour de la prise définitive du service par la Ville.

A. — Le déficit auquel on aurait à faire face se montait, d'après des prévisions réduites au strict minimum, a dit le Préfet de la Seine le 12 avril 1905, à 954.209 francs se décomposant ainsi :

1° Déficit résultant de l'exploitation du service extérieur sans fourniture des cercueils et des tentures intérieures des maisons. 220.000

<hr>

(1) *Sic* le Préfet de la Seine, au Conseil municipal, le 12 avril 1905 (Bull. 1905, n. 9, p. 399).

(2) Rapport Ranvier (Doc. 1905, n. 10, p. 154).

2° Annuité pour subvenir à l'acquisition des immeubles et du matériel 352.000
3° Charges provenant de la municipalisation du service et de l'assimilation du personnel au personnel
municipal. 382.209

Nous n'avons pas à insister en ce qui concerne le second chiffre. Cette somme de 352.000 suffira à procurer, dans un délai de
vingt ans (1), l'amortissement, avec intérêts calculés à 3 fr. 50 0/0,
de l'emprunt contracté pour payer le Syndicat ; elle ne pèsera
donc pas toujours sur les finances de la Ville. Les deux autres
points appellent au contraire quelques observations :

1° Pour arriver au chiffre de 220.000 francs de déficit comme
bilan du service extérieur, le rapport Ranvier prend pour base
l'exercice 1903 dont le rendement général a été remarquable-
ment faible. En 1903, dit-il, défalcation faite de ce qui a trait
à l'intérieur des temples, le service a produit 4.422.000 francs
contre 3.871.000 francs de dépenses (2), soit un bénéfice net
de 551.000 francs. Mais dans les profits figurent pour 771.000
francs les fournitures de tentures intérieures aux maisons
mortuaires et d'accessoires de cercueils (3), d'où le service
extérieur, dépouillé, comme il semble l'être par la loi, de ces
deux sources de recettes, accuse pour 1903, un excédent de
dépenses de 771.000 — 551.000, soit 220.000 francs. Il y a,
remarquons-le, quelque exagération dans ce raisonnement, car,
la concurrence de l'industrie privée se produisit-elle sur toutes

(1) Le Syndicat avait mis 13 ans (1878-1891) à amortir son emprunt initial.

(2) Il nous est impossible de préciser sur quelles bases sont établis ces chiffres
qui ne concordent pas avec ceux donnés par le Syndicat soit dans son compte
rendu, soit dans ses tableaux de prix de revient. Ces derniers donnent, comme produit
net du service extérieur en 1903 : 1.118.701 francs — 828.877 francs = 289.824 et
non 551.000 francs. — Les chiffres du rapport ne sont même pas semblables à ceux
qu'avait présentés M. Euzière à la commission mixte dans sa séance du 24 février
1905, par suite du retranchement dans le total des dépenses d'une somme de
75.000 francs pour pensions et secours aux agents dont M. Euzière tenait compte.
L'administration municipale, prenant les chiffres du Syndicat, les a, dans tous les
cas, quelque peu remaniés et défigurés. On se l'explique en songeant à la difficulté qu'il y avait à répartir entre les deux services extérieur et intérieur la
dépense d'un personnel et d'un matériel affectés jusqu'alors à des opérations
mixtes. Le résultat ne pouvait pas être mathématiquement exact.

(3) 384.540 francs pour les premières et 386.678 francs pour les secondes.

les fournitures vraiment rémunératrices, la Ville en fera toujours assez elle-même pour atténuer et même supprimer l'excédent de dépenses. Elle compte même établir à son profit un quasi-monopole de fait et le prépare déjà.

2° Le chiffre de 382.000 francs pour les aggravations de dépenses, conséquences de la municipalisation du service, sera au contraire certainement atteint, voire même dépassé, car il a été calculé très restrictivement, avec l'intention manifeste de masquer quelque peu au public ce résultat du changement de régime (1). Nombre de questions d'ailleurs restent en suspens, notamment la suppression du travail à la tâche, qui peuvent avoir des suites fort onéreuses. De ce chef donc, le déficit existe bien et il subsistera. Pour le démontrer, le Préfet comparait la situation des ouvriers municipaux et celle des agents des pompes funèbres sous la direction du Syndicat.

Ceux-ci n'avaient pas de congés réguliers ; ils ne touchaient un salaire que lorsqu'ils travaillaient ; ils n'étaient payés en cas de maladie que si celle-ci excédait cinq jours, à demi tarif alors et pendant trois mois seulement. Pour les cochers, la journée de travail était de 12 heures, avec une garde d'écurie non payée à part tous les 9 ou 10 jours. Non seulement, à l'inverse, les ouvriers municipaux reçoivent l'intégralité de leur salaire en cas de maladie, mais ils ne travaillent que 26 jours par mois, à dix heures par jour, avec 2 journées de repos payées, sans compter 10 jours de congé annuel et 12 jours fériés, soit en tout 46 journées de repos payées par an. Pendant les 29 journées non payées ils peuvent travailler supplémentairement.

Maintenir aux agents des Pompes funèbres leurs anciens salaires quotidiens dans ces conditions nouvelles eut été trop onéreux et eut suscité des demandes d'augmentation de la part des autres services. Les remaniât-on de façon à les laisser intacts dans leur total annuel, la diminution des jours et des heures de travail entraînait fatalement, en dehors des 74.000 francs environ que la Ville devra payer pour le service des retraites (2), un

____

(1) Voir le premier rapport de M. Ranvier en 1905 (n. 10), p. 153.

(2) Elle verse 90 francs de subvention par an pour chaque ouvrier municipal qui, de son côté, supporte une retenue de 4 0/0 sur son salaire.

surcroit de dépenses. Le préfet prévoyait notamment une augmentation de 187.000 francs pour le paiement des journées supplémentaires (29 par an) et les relèvements d'effectifs destinés à assurer le service pendant 24 journées de congé payées, une autre de 87.000 francs au moins pour pouvoir remplacer les agents malades par des auxiliaires à 5 francs par jour (1) ; près de 14.000 francs étaient nécessaires pour faire fonctionner avec un personnel spécial le service de garde d'écurie et 20.000 pour relever, au profit de certains ouvriers d'art, les salaires au taux des prix de la série en usage dans l'industrie privée. Encore une fois, rien de tout cela n'est exagéré et nous rencontrerons d'autres causes de dépenses nouvelles (2).

B. *Comment faire face à cette charge ?* — Protester contre l'œuvre du législateur et en réclamer la refonte ne pouvait suffire, car le service des Pompes funèbres peut moins que tout autre rester en souffrance et le Syndicat, conformément à son droit et à son intérêt, réclamait la séparation définitive de sa gestion propre d'avec celle de la Ville. Celle-ci devait donc prendre une décision et la prendre de suite.

Trois partis étaient possibles. On pouvait rejeter les frais de l'exploitation sur un adjudicataire qui gérerait le service plus économiquement que la Ville et serait en meilleure posture pour entrer en concurrence avec l'industrie privée. Très vivement soutenue dans l'intérêt financier de Paris par M. Alpy (3), cette thèse n'a pas prévalu, non que le Conseil ait entendu condamner l'entreprise comme mode d'exploitation du service, la question a été formellement réservée pour plus tard (4), mais il a paru dangereux d'y recourir *a priori* avant même d'avoir établi un certain équilibre entre les produits et les frais du service

---

(1) On a pris pour base du calcul le service des cimetières où, en moyenne, les absences pour maladie sont de 22 jours par homme et par année.

(2) Ainsi, le rapport ne chiffre pas, faute de base suffisante d'évaluation, l'excédent de frais résultant de l'insertion des conditions du travail au cahier des charges des fournitures d'habillement. A la commission mixte, séance du 24 fév. 1905, M. Euzière estimait l'augmentation totale à 452.000 francs par an, au lieu de 382.000. D'après une autre solution, conforme aux revendications du personnel, cette majoration eut atteint 997.000 francs.

(3) Cons. mun., séance du 12 avril 1905 (n. 9), p. 408 et suiv.

(4) *Ibid.*, le Préfet de la Seine, p. 412.

extérieur. On n'adjuge pas un déficit, a-t-on dit. Puis l'adjudication, si on en faisait une, porterait sur le montant de la subvention que devrait nécessairement garantir la Ville, celle-ci n'échapperait donc pas à toute charge. Enfin toutes les économies que ferait l'adjudicataire dans sa gestion le seraient aux dépens du personnel et peut-être le service n'aurait-il plus le caractère de décence et de dignité morale auquel le public est habitué (1). — Le choix dès lors subsistait entre deux solutions : mettre les frais du service à la charge du budget général ou créer des ressources spéciales pour y faire face. La première a semblé à la majorité de nature à masquer plus qu'à souligner, aux yeux tant des pouvoirs publics que de la population, l'accroissement forcé des dépenses. Aussi bien, il aurait toujours fallu chercher de nouvelles ressources, celles du budget général étant certainement insuffisantes. D'où, à la demande du préfet et de son rapporteur, le Conseil municipal s'est prononcé en faveur d'un budget propre au nouveau service, figurant à part dans un chapitre spécial du budget de la Ville.

Restait à prévoir les taxes à créer. Le Conseil le fit dans sa séance du 12 avril 1905. Approuvé sans difficultés par décret du 30 août 1905, le tarif des fournitures ainsi établi pour le service extérieur a été déclaré applicable, à compter du 1ᵉʳ janvier 1906, par arrêté préfectoral du 13 novembre 1905. Il est conçu dans une double pensée : rendre la concurrence aussi difficile que possible, là même où elle serait légale, non pas au Syndicat des fabriques et consistoires volontairement confiné dans le service intérieur, mais à l'industrie privée, aux régleurs de convois, seuls adversaires redoutables ; faire supporter au public, à l'occasion des funérailles, le poids des nouvelles charges financières. En résumé :

1° Il range parmi les recettes du service extérieur, certaines fournitures appartenant jusqu'alors à d'autres chapitres, sauf à parfois changer leur dénomination. Citons, dans cet ordre d'idées : le *drap mortuaire*, avec une recette prévue de 80.000 fr. ; le *transport* par *fourgon* évalué 88.000 francs nets (2) ; les *acces-*

<hr>

(1) *Ibid.*, M. Grébauval, p. 408.

(2) Quoiqu'il ne fût pas compris dans le monopole des fabriques, la Ville prétend qu'il rentre dans le monopole municipal. *Contrà*, Trib. Seine, 17 juil. 1906.

soires de cercueils autres que les mixtures pour 92.000 francs ; les *mixtures* et sels pour une valeur de (avec l'augmentation du prix des cercueils) 112.000 francs ; les *tentures intérieures* des maisons mortuaires qui, au cas où elles ne seraient pas fournies par la Ville, seraient représentées par une majoration du prix des tentures extérieures, représentant 165.000 francs environ.

2° Certaines recettes anciennes sont augmentées : le *prix des cercueils*, maintenu à l'ancien tarif pour les cercueils en volige, est majoré de 3 à 10 francs ou de 1 à 5 francs suivant qu'il s'agit de cercueils en chêne ou en sapin (1) ; le produit des *omnibus funéraires* est porté de 1.800 à 56.000 francs comme évaluation ; le *prix du corbillard* majoré de 50 francs à 3 francs suivant la classe (2), le *tarif des berlines* porté à 25 francs. Le tout est estimé 200.000 francs environ.

3° Enfin, trois taxes absolument nouvelles sont créées : une redevance de 10 francs pour tout *convoi exécuté en dehors des trois heures normales* 9 heures, midi et 3 heures, évaluée 36.000 fr.; une autre, variable suivant les classes et suivant aussi que l'opération a lieu de jour ou de nuit, pour les *mises en bière d'urgence* gratuites jusqu'ici et dont le produit eût été en 1903 de 100.000 francs ; une taxe pour *les porteurs* des convois. Les 4 porteurs fournis jusqu'en 1905 gratuitement même pour les convois de 1re classe, quoique la charge en résultant représente près d'un million, donneront lieu désormais à une taxe variant

---

(1) Cette majoration, explicable en soi du fait que les prix des cercueils n'ont pas été modifiés depuis 50 ans, a surtout pour but d'entraver la concurrence des particuliers en ce qui concerne la fourniture des mixtures, sels et ouate. Elle permettra d'abaisser à 1 et 2 francs dans les cercueils de sapin et de chêne le prix ancien de 10 francs perçu pour la mixture sans diminuer en rien le bénéfice de la fourniture du cercueil avec ses accessoires.

(2) Voici le tableau des tarifs ancien et nouveau pour les corbillards :

	tarif 1859	tarif 1905	augmentation
1re classe	300 fr.	350 fr.	50 fr.
2e »	200	250	50
3e »	120	150	30
4° »	80	100	20
5e »	38	50	12
6e »	27	35	8
7e »	22	27	5
8° »	12	15	3

par tête suivant la classe de 0 fr. 50 à 8 francs qui devra rapporter 300.000 francs. Elle s'augmentera d'une redevance supplémentaire, appelée à produire 75.000 francs, quand il y aura exposition à la maison mortuaire et que la Ville n'aura pas été chargée de la décoration de la chapelle ardente.

Dût-on réduire d'un cinquième les évaluations de ces nouvelles recettes, elles laisseraient encore, pour faire face aux 954.000 francs prévus comme accroissement de dépenses, 1.100.000 francs, dont d'ailleurs une portion seulement représente une charge sans précédent pour le public. Mais c'est trop la réduire que de porter cette part à 380.000 francs avec le directeur des affaires municipales (1). Sans doute, en ce qui concerne le drap mortuaire, le transport par fourgon, les accessoires de cercueils y compris même la mixture, les tentures intérieures des maisons mortuaires et la décoration des chapelles ardentes, soit en tout 612.000 francs, les particuliers ne paieront guère plus que par le passé ; mais c'est à la condition qu'ils s'adressent à la Ville pour *toutes* les fournitures abandonnées par la loi à la libre concurrence : ils ne pourront échapper au monopole de fait organisé par la Ville qu'en payant deux fois les objets pris ainsi au dehors. Dans tous les cas, 500.000 fr. de majorations absolues ou de créations de taxes subsistent ; et si, parmi elles, il en est de très justifiées comme la redevance des porteurs qui était perçue partout sauf à Paris, certains jugeront excessive la somme de 56.000 francs que le Conseil municipal entend tirer de l'exploitation des omnibus funéraires, employés seulement dans les convois peu aisés.

C. Le Conseil municipal s'est ensuite préoccupé de l'organisation du service. Pour le moment, sauf changement toujours possible soit pour le service tout entier soit pour certaines branches (2), par exemple la fourniture et l'entretien de la cavalerie ou la fabrication des cercueils, le système de la régie est maintenu. Il fonctionnera comme par le passé, avec un personnel de bureaux très sensiblement égal (3) ; quatre employés de

---

(1) Séance du 12 avril 1905 (n° 9), p. 415.

(2) Commission mixte, séances des 4 et 11 novembre 1905. Rapport Ranvier (1905, n° 135), p. 28, 29, 32.

(3) Le 4 avril 1906, M. Paris avait demandé au Conseil municipal pour le nou-

la Ville sont en outre affectés au contrôle du service nouveau et, aux frais de celui-ci, à la tenue des livrets de la caisse des retraites pour son personnel. Seulement, tandis que depuis 1880, le Syndicat avait dû, sur injonction préfectorale, renoncer à toute exploitation dans la banlieue, le Conseil municipal s'en déclare désormais partisan. Par délibération du 30 décembre 1905 (1), il a autorisé le Préfet « à faire, moyennant un prix à débattre, les fournitures relatives aux pompes funèbres qui lui seraient demandées pour des convois importants par les communes de la banlieue parisienne et même de la province » (2).

Quant aux règles adoptées par la Ville relativement aux immeubles, au matériel, au personnel et au fonctionnement général du service, il s'agit surtout d'un provisoire, d'un essai plutôt que d'une organisation absolument définitive. La Ville, avec raison d'ailleurs, entend se réserver la liberté de modifier, après expérience faite, les décisions primitives au mieux de ses intérêts.

Locaux. — La Ville est actuellement propriétaire des biens provenant du Syndicat et, les paiements étant déjà effectués sauf pour les immeubles, elle n'a guère eu d'intérêts à débourser (3). 150.000 francs figuraient au budget de 1906 avec cette destination, l'amortissement de l'emprunt ne devant commencer qu'en 1907.

Très peu de travaux, d'une valeur de 50.000 francs au plus, ont été exécutés dans les locaux cette première année en dehors du simple entretien. Tous les projets subordonnés à une option définitive en faveur du principe de la régie ont été sagement repoussés à l'expiration d'un délai d'épreuve fixé au moins à une année.

---

veau service la création d'un Conseil d'administration où des délégués du personnel ouvrier se seraient rencontrés avec des fonctionnaires de l'administration. Le 12 avril, le Conseil a renvoyé la proposition à l'administration sur l'observation du préfet qu'une loi serait nécessaire pour autoriser l'établissement d'un tel organisme (*Bull. mun.* 13 avril, p. 1450).

(1) *Bull. mun.* 26 janv. 1906 (1905, 3227 E et 3540 F), p. 486.

(2) Comme contrepartie à cette tendance, un syndicat s'est créé, approuvé par décret du 22 décembre 1905, entre 31 communes du département de la Seine, pour l'exploitation du service extérieur des pompes funèbres.

(3) Les intérêts étaient dûs à 3 0/0 à partir du 1er avril et à 4 0/0 à compter du 1er juillet 1906. Ils courent toujours pour 1.750.000 francs.

Matériel. — Sur ce point encore, les prévisions du budget de 1906 ont été à très peu de choses près la reproduction des dépenses faites par le Syndicat en 1904. Les deux seules questions vraiment agitées (dont la solution est au reste réservée) ont trait à la cavalerie et aux omnibus funéraires.

Aux séances des 14 avril, 11 novembre, 9 et 16 décembre 1905, la commission mixte s'est demandée s'il convenait, relativement aux chevaux, de maintenir le système de la régie faisant ressortir, pour 1904, la dépense à 4 fr. 19 par jour et par cheval (1), ou s'il était préférable de demander les chevaux (des services accessoires du moins) à un entrepreneur, il s'en était offert un moyennant 4 fr. 95 par cheval et par jour. Après une discussion assez vive, on a maintenu le *statu quo* provisoirement ; mais des propositions sont provoqués de la part d'entrepreneurs éventuels et un cahier des charges a été dressé à cet effet.

En ce qui concerne les omnibus funéraires dont la Ville attend dans l'avenir un important supplément de ressources, l'administration n'était pas de suite en mesure d'exploiter directement cette branche du monopole, qui rapportait seulement jusqu'alors 1.800 francs, à raison de 120 francs par voiture. Elle a donc accordé à M. Lejeau une prolongation de sa concession. Mais le Conseil municipal a exigé (2) que ladite concession fut résiliable chaque année pour la Ville à charge de prévenir six mois d'avance. Cette clause laisse aux représentants de l'administration le loisir d'examiner dans toute son ampleur la question du fonctionnement de la cavalerie. Déjà d'ailleurs, à la redevance forfaitaire et peu élevée d'autrefois est substitué un autre procédé plus rémunérateur : la recette afférente aux omnibus, encaissée par les préposés des Pompes funèbres comme les autres articles du tarif, sera reversée tous les trois mois au concessionnaire sous déduction d'une retenue de 33 0/0, soit une trentaine de mille francs, pour la ville.

Personnel. — La question ici était particulièrement délicate. Pour lui appliquer les mêmes règles qu'aux autres employés de

---

(1) Elle avait été de 4 fr. 52 pour 1903 et de 5 fr. 35 pour 1902 avec un effectif moyen de 360 chevaux.

(2) Séance du 30 décembre 1905 (1905, 3227 G et 3540 G). *Bull. mun.* 26 janv. 1906, p. 486.

la Ville, ce personnel devait nécessairement être augmenté, d'où un supplément de dépenses certain. De fait, il comprendra 1.121 personnes en 1906, dont 241 employés (1), avec une prévision de dépenses pour traitements de 2.590.000 francs. Mais, ce point acquis, restaient ouvertes les questions d'option entre la régie et l'entreprise, de traitements ou salaires et de retraites.

1° La municipalité ne paraît guère disposée, d'ici quelque temps du moins, à supprimer la régie actuelle quant au personnel essentiel au service (porteurs, cochers, tendeurs). Le *statu quo* lui permettra à la fois de travailler efficacement à élargir son monopole de droit ou de fait et de bien en mesurer les conséquences financières. Le choix à faire semble plus douteux vis-à-vis des ouvriers des divers ateliers, étant donnée surtout la substitution, exigée par le Conseil municipal, du travail à la journée au travail à la tâche. On a cependant maintenu les anciens errements pour 1906, à titre provisoire d'ailleurs et sans engager l'avenir, sa suppression absolue du travail à la tâche. Si les résultats sont satisfaisants, les ouvriers seront définitivement embauchés et municipalisés. Sinon, l'administration proposera au Conseil municipal telle organisation qui soit plus en rapport avec les intérêts de la Ville.

2° Tout le personnel des pompes funèbres recueillera de la municipalisation du service les avantages suivants, que nous avons déjà signalés : journée de travail réduite à 10 heures, chaque mois 26 jours de travail seulement plus 2 jours de repos payés, intégralité du salaire versée en cas de maladie, un congé annuel payé porté de 10 à 12 jours par délibération du Conseil municipal en date du 12 avril 1906 (2). On y a vu une compensation suffisante à certaines diminutions sur quelques-uns des anciens salaires : on n'a donc pas donné satisfaction aux proposi-

---

(1) 400 porteurs (360 en 1904), 290 ouvriers des équipages (274 en 1904), 85 ouvriers de la fabrication des cercueils (82 en 1904), 34 à la carrosserie (contre 38 en 1904), 47 à la tenture (contre 74 en 1905 mais le service intérieur était compris) ; 24 autres ateliers divers (contre 29 en 1904).

Le Syndicat en 1904 comptait 118 employés des bureaux et 834 ouvriers soit 952 personnes, sans compter les 76 ordonnateurs.

(2) *Bull. mun.* du 9 mai, p. 1751. Cela entraînera un supplément de dépenses de 10.000 francs.

tions de MM. Paris et Lajarrige (1), en date des 12 avril et
25 novembre 1905, maintenant les situations acquises, fussent-
elles supérieures comme traitements au taux d'assimilation.
Mais il a fallu envisager les difficultés propres au salaire de certaines catégories d'agents.

Les ouvriers du service des équipages autres que les cochers
(palefreniers, maréchaux, brosseurs, cireurs, etc.) et ceux des divers ateliers n'ont pas été municipalisés de suite. Leur salaire a été
calculé, soit d'après les tarifs appliqués aux ouvriers municipaux
d'art, d'état ou de métier auxquels ils peuvent être assimilés, soit
par analogie avec les ouvriers dépendant de la direction des
services d'architecture et des promenades ou plantations (2). Il
varie dans chaque branche, d'après la classe d'ancienneté (3).
D'une façon générale, si les divers salaires ont désormais un
minimum annuel plus élevé pour les débutants, les maxima
nouveaux sont le plus souvent inférieurs aux anciens, non seulement en calculant sur un travail non interrompu pendant 365 jours
(ce qui pour aucun employé ne se réalisait en pratique), mais
même en supposant 336 jours de présence par an. Le rapporteur l'a reconnu formellement (4). Cette diminution des salaires
sera surtout sensible dans les ateliers où le travail se faisait à la
tâche. Les ouvriers attachés à la fabrication des cercueils pouvaient arriver à gagner 11 et même exceptionnellement 12 francs
par jour ; le travail à la journée, désormais obligatoire, leur
donnera 8 fr.08 au maximum. La production diminuera dès lors,
d'où, pour l'administration gérante, une perte évaluée par certains à 200.000 ou 300.000 francs par an.

A l'égard des porteurs et des cochers, l'usage des pourboires,
déjà proscrit en droit par l'art. 25 du décret de 1859, est désormais interdit (5), si profitable qu'il fût pour eux, à peine de

---

(1) Elles se traduisaient par un supplément de dépenses de 29.316 francs.

(2) Ce sont de tous les ouvriers municipaux les moins payés.

(3) Palefreniers de 5,38 à 5,58. Laveurs, brosseurs de 5,38 à 6,92. Maréchaux
ferrants de 8,08 à 9,23. Selliers, cireurs 5,77 à 7,50. Ouvrières 3,50 à 4,50. Ouvriers
d'art 6,15 à 8,08. Aides et manœuvres 5,38 à 5,58.

(4) 1er Rapport (1905, n° 10), p. 174. Séance du Conseil municipal du 12 avril
1905 (1905, n° 9), p. 383.

(5) Délibération du Conseil municipal du 30 décembre 1905 (1905, C. 1430 *B. m.*
25 janv. 1906, p. 471) invitant l'administration à faire connaître au public cette

révocation immédiate. Néanmoins les salaires n'ont pas été relevés, ils sont même légèrement inférieurs aux anciens maxima avec la haute paye d'ancienneté. Il avait été d'abord question de supprimer toute indemnité de chaussure ou de sortie ; mais, le personnel semblant s'effrayer d'un tel changement équivalant à une réduction de 12 francs par mois sur son salaire (1), on a maintenu ces indemnités sans d'ailleurs augmenter les charges du budget. Le cadre tant des porteurs que des cochers de cortège a été partagé en 5 classes (2). Les porteurs toucheront, à raison de 336 jours de travail par an, 5 francs par jour et au total 1.680 francs par an comme surnuméraires pour arriver au maximum, dans la 1re classe, à 5 fr. 80 par jour et 1.948 fr. 80 en tout. Les cochers, commençant également à 5 francs, pourront atteindre 5 fr. 95 par jour, soit 1.999 francs par an au maximum (3).

Pour les autres employés du service (ordonnateurs, maîtres des cérémonies, et préposés des mairies) (4), la Ville ne tolèrera plus les gratifications données jusqu'alors par les familles ou par l'administration des Pompes funèbres. Aux 25 préposés il sera alloué désormais un traitement fixe variant de 2.400 à 6.500 francs, non compris une indemnité de caisse de 300 francs et leurs commissionnaires recevront 1.200 chacun. Les 12 maîtres des cérémonies recevront, en 1906, 1.800 francs de traitement (5). — Quant

interdiction par voie d'affiches apposées dans les bureaux des préposés et aux cimetières. M. Paris a demandé vainement le remplacement de cette source de profits par une indemnité de déplacement (*B. m.* 6 janvier 1906, p. 140).

(1) Cette baisse eût été compensée par la possibilité pour les intéressés de faire un certain nombre de journées supplémentaires dans les 29 par an qui ne leur sont pas payées. Mais ces journées, au taux correspondant à la classe dont font partie lesdits agents, eussent coûté plus cher à l'administration que celles des simples auxiliaires tarifées à 5 fr.

(2) Séance du Conseil municipal du 30 décembre 1905 (1905, 3227 I et 3540 I. *Bull. mun.* 26 janv. 1906, p. 486).

(3) Les prix maxima antérieurs étaient (y compris la haute paye d'ancienneté, 6 fr. 12 pour les cochers (5,83 + 0,29) et 5 fr. 61 pour les porteurs (4,50 + 1,11); on escomptait pour ceux-ci la pratique du pourboire. Celle-ci rapportant aux porteurs en moyenne de 1 à 2 fr. par jour, leur chambre syndicale avait demandé à la ville un traitement de 210 francs par mois avec prime d'ancienneté pouvant atteindre 300 francs soit 2.820 francs + 72 francs d'indemnité de chaussures au maximum (2e rapport Ranvier, 1905, n° 135, p. 50).

(4) Les préposés sont passés de 20 à 25 et les piétons de 20 à 23.

(5) Avec les gratifications des familles s'ajoutant à leur salaire fixe, celui-ci atteignait de 2.200 à 3.000 francs par an.

aux 76 ordonnateurs ils toucheront de **2.200** à **3.000** francs (1) pour cette même année **1906**. Mais, à leur égard, la loi de **1904** était appelée à produire un tout autre effet qu'un simple changement de traitement. Seuls jusqu'ici de tout le personnel, ils représentaient la préfecture avec charge de surveiller les autres. En même temps, leur traitement, payé par la Ville, incombait en fait au Syndicat qui le remboursait à la caisse municipale. Désormais ce remboursement n'a plus lieu et, le service étant tout municipalisé, le rôle des ordonnateurs perd son utilité première. Certains estimaient qu'ils pourraient rendre encore des services dans un autre ordre d'idées. Cependant, s'ils ont été provisoirement maintenus, les ordonnateurs sont appelés à disparaître à partir de 1907, par voie d'extinction.

3° La question des retraites est double. Pour l'avenir, à compter du 1ᵉʳ janvier 1906, la Ville de Paris verse annuellement une somme de **115.000** francs à raison de 5 0/0 sur le traitement des employés et de 90 francs par ouvrier (2) qu'elle garde, à la caisse nationale des retraites en vue de la pension à constituer à chacun. Mais la question reste pendante pour les pensions représentant les services anciens. La Ville prétendait tout d'abord s'approprier, fut-ce au moyen d'un procès (3), les 650.000 francs du fonds général de secours constitué par le Syndicat des Pompes funèbres pour faire face aux pensions. Elle paraît y avoir renoncé, et, en effet cette réserve, établie par simple mesure de prudence, sans que les ouvriers y contribuent d'aucune façon, appartient en propre au Syndicat, libéré d'ailleurs de toute obligation vis-à-vis de son ancien personnel ainsi que nous l'avons déjà établi. Du moins a-t-elle jusqu'ici refusé de contribuer au service de ces pensions.

D. *Fonctionnement général du service.* — Résumons brièvement les caractères de ce début de gestion en régie provisoire. Ne recevant plus rien du Syndicat qui lui versait 230.000 francs (4),

(1) Plus une indemnité de chaussures de 72 fr. par an (Délibération Conseil municipal 30 décembre 1905 ; 1905, C. 1433).

(2) Chaque ouvrier subit une retenue de 4 0/0 sur son salaire.

(3) M. Ranvier, le 12 avril 1905 au Conseil municipal (1905, n° 9, p. 382).

(4) 200.000 francs de loyer pour l'immeuble de la rue d'Aubervilliers n° 104 et 30.000 francs pour contribution aux frais de fossoyage.

sans parler des frais relatifs aux ordonnateurs puisque ceux-ci
vont être supprimés, le service municipal, d'après les évaluations préfectorales, supportera 954.000 francs de charges nouvelles. Pour y faire face, 1.110.000 francs de recettes sont trouvés,
dont 500.000 augmenteront pour le public les frais déjà si
lourds des funérailles : ils suffiront certainement à équilibrer la
balance du service qui figure au budget général en 1906 pour
4 750.000 francs en recettes et 4.700.000 en dépenses. Ces dernières sont ainsi réparties :

1° Personnel. 2.584.000
2° Matériel 562.000
3° Dépenses diverses . . . 1.115.400
4° Intérêts des prix d'achat . 150.000
5° Réserve pour imprévus . 288.600

La Ville fera ses frais, et même elle tirera un profit appréciable de sa gestion, bien que, depuis la loi du 28 décembre 1904,
on constate une tendance des familles à restreindre le luxe des
cortèges. En effet, elle s'efforce dès maintenant d'étendre le plus
possible son monopole pendant que l'administration restreint
rigoureusement les exemptions dont elle était si prodigue au
temps où le Syndicat des fabriques en supportait les conséquences. Insistons quelque peu sur ces deux points.

1° Désireuse de rayonner, s'il est possible, sur les communes
suburbaines, ainsi que nous l'avons déjà dit, l'administration a
surtout déclaré la guerre dans le périmètre parisien à l'industrie
privée. La réduction de ses tarifs la montre préoccupée de
faire payer par le public au service monopolisé, sous une forme
détournée, certaines fournitures (mixtures, tentures intérieures
et chapelles ardentes) qui seraient demandées à des industries
particulières concurrentes. En outre, elle prétend donner au
monopole communal un caractère extensif qui semble pourtant
contraire aux intentions du législateur (1).

Par exemple, la loi faisant rentrer dans le service extérieur la
fourniture des seuls corbillards, la circulaire ministérielle du

---

(1) Les seules fournitures qu'elle abandonne même sans concurrence à l'exploitation commerciale sont les couronnes et fleurs, et les billets d'enterrement.

25 février 1905 excluait du privilège attribué aux communes
(comme autrefois du monopole des fabriques) le transport des
corps par fourgon toutes les fois du moins qu'il avait lieu sans
cérémonie funèbre, sans pompe ni convoi, et était effectué en
vue d'une inhumation en dehors de la commune. Le Conseil
municipal de Paris n'adopta pas cette interprétation, et, s'ap-
puyant sur l'esprit de la loi, il revendiqua le monopole de cette
fourniture. Une action en ce sens intentée contre un entrepreneur de transports a du reste abouti au rejet de la demande par
le Tribunal de la Seine le 17 juillet dernier.

De même, une délibération, en date du 30 décembre 1905 (1),
invite le Préfet à réclamer, judiciairement au besoin, « toutes
les fournitures, sans exception, qui paraissent avoir été réservées aux communes par la loi du 28 décembre 1904, notamment
celles relatives à divers accessoires du cercueil (poignées, frettes,
garnitures, vis tire-fond, etc.). L'administration veut se réserver
toute garniture intérieure adhérente au cercueil, qui pourrait
parfois en compromettre la solidité et l'étanchéité. De même des
vis tire-fonds, parce qu'il appartient aux porteurs de les fixer, ou
des frettes et des poignées parce qu'au cas où elles seraient mal
fixées, des accidents en pourraient résulter, notamment dans
les escaliers très raides. Sans nier le côté sérieux des motifs
ainsi allégués, on peut penser qu'il y a là une interprétation
exagérée d'un texte de loi restreint en soi.

2° Nous avons dit plus haut avec quelle facilité abusive les
maires parisiens accordaient les certificats d'indigence pour impo-
ser au Syndicat des Pompes funèbres la fourniture gratuite d'une
bière et d'un convoi du service ordinaire, même, depuis 1887, en
cas de décès à l'hôpital (2). La Ville réprime aujourd'hui ces abus.
Par délibération du 30 décembre 1905 (3), le Conseil municipal
invite l'administration préfectorale à appliquer rigoureusement
les circulaires restrictives adressées les 3 et 15 juillet 1903 aux

---

(1) 1905, 3227 E et 3540 E. *Bul. mun.* 26 janv. 1906, p. 485.

(2) Jusqu'en 1887, la fourniture gratuite de la bière, en ce dernier cas, incombait
aux hôpitaux et hospices, conformément à des traités approuvés par lettres échan-
gées entre les ministres de l'intérieur et des cultes les 10 septembre et 15 novembre 1874.

(3) 1905, C, 1432.

maires et aux commissaires de police sur l'exonération des frais d'inhumation. Le 6 avril (1), se fondant sur ce que la gratuité en pareille matière est contraire aux arrêtés des 6 janvier 1842 et 14 décembre 1850 relatifs au règlement des cimetières, le même conseil a annulé une délibération du 9 novembre 1827 qui exonérait de tous frais les sépultures des sœurs hospitalières à Paris. Enfin un arrêté préfectoral du 26 avril 1906 (2) maintient, pour la 7ᵉ classe et les classes inférieures, l'ancien tarif des pompes funèbres au profit des membres des sociétés de secours mutuels, sur la production d'un certificat du président de la Société. Mais cette faveur ne s'étend pas aux cas de mise en bière et de descente du cercueil en dehors des heures normales et de transport hors Paris ; elle est de plus subordonnée à la commande intégrale au service municipal de toutes les fournitures.

Sous le bénéfice de ces observations, on peut ranger en quatre catégories les fournitures qui ne rentrent pas dans le monopole des fabriques réduit au service intérieur :

1º Celles qui, légalement parlant, font incontestablement partie du monopole municipal : corbillards, cercueils, tentures extérieures, transport des corps, voitures de deuil, fournitures et personnel nécessaires aux inhumations, exhumations et crémations (L. 1904, art. 2). Elles seront faites exclusivement par la Ville qui surveillera et défendra au besoin l'exercice de son privilège (3) ;

2º Celles qui, laissées d'après l'interprétation obvie du texte dans le domaine public, sont cependant revendiquées par la ville : transport par fourgons, garnitures intérieures du cercueil, poignées, frettes, vis tire-fond. Sur ce point, les tribunaux auront à se prononcer ;

3º Celles où le service entrera en concurrence avec l'industrie privée, dont, pratiquement et grâce aux précautions prises dans les

---

(1) 1906, C. 148. *Bull. mun.* 21 avril, p. 1565. Contre cette délibération M. Rendu, le 13 avril (*Bull. mun.* 18 avril, p. 1527), a protesté par une motion réclamant la gratuité de l'enterrement pour tous les infirmiers laïques ou religieux.

(2) 1905, C. 1435. Voir *Bull. mun.* 25 janv. et 27 avril 1906, p. 472, 1625.

(3) La sanction, en cas d'infraction, ne sera pas pénale, l'art. 24 du décret de prair. an XII étant inapplicable. Mais il y aura une action toujours possible en dommages-intérêts.

tarifs, une très grosse partie lui restera acquise : garnitures extérieures du cercueil, fournitures intérieures notamment les mixtures (1), sels et ouate, tentures intérieures et chapelles ardentes dans les maisons, crêpes et voiles de deuil. Il y aura un quasi-monopole de ce chef ;

4° Enfin celles qui seront, comme dans le passé, laissées à l'industrie privée sans contestation ni concurrence : fleurs et couronnes, billets d'enterrement et lettres d'invitation.

Les services étant désormais tout à fait séparés, la question, autrefois controversée parfois quoiqu'à tort, ne se pose même plus de savoir si les particuliers sont tenus d'adopter la même classe pour le cortège et pour la cérémonie à l'église. Bien évidemment, il n'y a aucune corrélation forcée entre les deux tarifs concernant des fournitures tout à fait différentes, effectuées par deux administrations n'ayant entre elles aucun rapport.

CONCLUSION

Cette trop longue étude est forcément incomplète en ce qu'à raison du peu de reculement des faits, il n'est pas possible de porter un jugement sur l'exploitation par la Ville de Paris du service extérieur des Pompes funèbres. Du moins, nous avons précisé les effets immédiats de la réforme de 1904 à Paris et il nous reste à tirer de nos précédents développements quelques considérations d'ordre général.

1° La suppression du monopole des fabriques et consistoires était dans la logique de nos tendances actuelles. Même avant la loi du 9 décembre 1905, la laïcisation des services publics apparaissait comme un corollaire nécessaire du principe de la liberté de conscience. D'autre part, les milieux gouvernementaux sont nettement hostiles à toute idée religieuse et surtout à la religion catholique. La loi du 28 décembre 1904 était doublement motivée à bien des yeux et par la diminution de prestige et de ressources

(1) Obligatoires dans tous les cercueils (Arr. préfectoral du 27 décembre 1905, *Bull. mun.* 29 décembre, p. 4493).

qu'elle imposait à des établissements ecclésiastiques et par l'extension d'attributions en résultant pour les autorités civiles.

Il y a là aussi une manifestation nouvelle du développement de la centralisation administrative qui tend à accaparer, au profit de l'Etat ou des communes, à l'exclusion des établissements publics, les services d'intérêt général, eussent-ils un caractère industriel. Ce mouvement s'accentue de jour en jour et les fragiles barrières qu'oppose encore aux prétentions des municipalités la jurisprudence du Conseil d'Etat ne résisteront pas longtemps à la poussée des convoitises. Au contraire de certains esprits, nous le jugeons très dangereux pour les finances publiques, les intérêts des particuliers et l'intérêt général lui-même. Du moins, nul n'en peut nier l'existence et la force : c'est la centralisation économique qui vient s'ajouter aux autres centralisations dans un pays déjà trop centralisé.

2° Laissant de côté les principes théoriques pour nous placer sur le terrain des faits, nous constatons qu'un des motifs dominants de la réforme a été le désir d'assurer aux communes une source de recettes importantes. Sans doute, on a invoqué d'autres arguments : on a fait valoir l'intérêt des particuliers et de l'industrie privée à dépendre, non plus de l'arbitraire des établissements ecclésiastiques, mais de la décision « raisonnée, réfléchie et *responsable* (!) des conseils municipaux. Il y a plus de garanties pour les industries privées avec les municipalités qu'avec les fabriques » (1). Les faits à Paris ne paraissent pas consacrer la vérité de cette thèse.

De l'aveu loyal des représentants de la Ville, le service avait été assuré par le Syndicat des Pompes funèbres dans les meilleures conditions de régularité et de décence en même temps que d'économie. Nul n'a eu à se plaindre de cette gestion : ni l'administration qui, malgré une surveillance très stricte, n'a jamais formulé de graves critiques et trouvait le moyen de décharger les finances municipales de lourdes dépenses ; ni les particuliers, puisque les tarifs n'avaient pas été remaniés depuis le 4 novembre 1859 malgré l'augmentation des frais d'exploitation et que, pour certaines fournitures même, les prix perçus

____

(1) M. Milliès-Lacroix au Sénat, séance du 21 juin 1904, p. 789, 793.

en 1905 étaient ceux de 1811 ; ni les fabriques et consistoires dont les intérêts ont toujours été sauvegardés avec la plus habile prudence ; ni le personnel des employés et ouvriers qui avait vu s'élever ses salaires et bénéficiait de pensions de retraite absolument gratuites. En réalité (et, encore une fois, le fait a été reconnu officiellement), la gestion du Syndicat peut servir de modèle : la Ville de Paris fera peut-être aussi bien, mais non mieux. Sans doute le service disposait de ressources importantes, bien moins grosses d'ailleurs qu'on le croyait généralement (1) : sur un chiffre annuel de 5 millions 1/2 d'affaires, la moyenne des bénéfices était de 1.400 francs au maximum (2). Mais, toujours en mesure de subvenir aux divers besoins sans cesser de fournir à ses mandants une subvention considérable et sensiblement uniforme chaque année, le Syndicat a su amortir en 13 ans un emprunt de quatre millions, constituer des réserves multiples, spécialement pour le service des pensions, et se rendre propriétaire d'un capital entièrement payé, en immeubles et matériel, estimé 6.050.000 francs au dernier inventaire de 1904. Il a enfin fort habilement et sagement conduit les négociations avec la Ville pour l'application de la loi nouvelle et a permis ainsi la remise presqu'immédiate à ses mandants de sommes importantes. La population parisienne et spécialement les catholiques de Paris ne peuvent donc avoir à l'égard des anciens administrateurs des Pompes funèbres qu'un sentiment, celui de la reconnaissance ; attaquer leur gestion, c'est faire preuve au moins d'ignorance et de légèreté.

Quoi qu'il en soit, le monopole des fabriques est supprimé. Les agents du service trouveront dans sa municipalisation des avantages sérieux, sinon toujours comme augmentation de salaires, du moins comme réduction de travail et certitude de paiement, même en cas de maladie. Encore les meilleurs ouvriers des ateliers se plaindront-ils de la suppression du travail à la

---

(1) *Sic* M. Grébauval au Conseil municipal le 12 avril 1905 (1905, n. 9, p. 406).

(2) M. Grébauval parle de 1.800 francs, mais il y a lieu de déduire de ce chiffre la somme représentant les intérêts du capital d'exploitation en matériel et immeubles, puis les intérêts des sommes placées par le Syndicat. Il restait, dans les dernières années surtout, 1.400 francs à peine (1.118 en 1903) comme produit vraiment propre à l'exercice.

tâche réduisant leur salaire journalier de près d'un tiers. L'uniformité des salaires dans un même atelier peut être conforme à nos principes égalitaires, mais il est permis de ne la trouver ni rationnelle ni même juste en pratique.

Mais, en dehors du personnel, qui donc à Paris gagnera à l'application de la loi et quelles en seront les conséquences à l'égard du public, le principal intéressé dans l'affaire en définitive ?

Les fabriques sont profondément atteintes et c'était le but visé : on leur laisse tout ce qui présente un caractère religieux, on ne pouvait faire moins sans donner un démenti formel au principe même de la loi. Des deux autres intéressés, le commerce libre, dont l'intervention en la matière est légalement consacrée, ne verra pas, à Paris, sa situation sensiblement améliorée, au point de vue de la sécurité notamment, car il va se heurter aux prétentions de la Ville et trouvera en elle un adversaire plus redoutable que les fabriques. Quand celles-ci voulaient inscrire aux tarifs une nouvelle fourniture pour la faire rentrer pratiquement dans leur monopole, il leur fallait un avis du Conseil municipal et un arrêté préfectoral d'autorisation ; la démarche aboutissait toujours à des difficultés ou à un marchandage tendant à faire profiter surtout la Ville de la nouvelle recette (1). Le Syndicat parisien s'abstenait donc généralement de telles réclamations. Ainsi, le monopole fabricien, général en droit, était en fait limité comme étendue. La Ville, disposée à s'attribuer le plus de droits possible, plaidera au besoin pour se les faire reconnaître et, là où elle sera forcée de supporter la concurrence, en triomphera par des majorations de tarifs sur les produits monopolisés. La loi de 1904 ne fera pas disparaître les régleurs de convois dont, au Conseil municipal, on a si souvent critiqué l'intervention ; ces industriels rempliront même un rôle plus important qu'autrefois, étant légalement reconnus. Mais ils ne feront probablement qu'une concurrence relative au service municipal et celui-ci retrouvera la plus grosse part des recettes qu'avait le Syndicat des fabriques.

Et ce sera pour lui une source d'importants produits. Sans

____

(1) L'autorisation de monopoliser la mixture en 1902 a eu pour contre-partie la réduction de 5 à 3 francs de la redevance municipale pour chaque inhumation.

doute, les dépenses seront plus élevées nécessairement qu'autrefois, tant à cause de l'élévation relative des frais généraux par rapport aux recettes diminuées qu'à raison des augmentations forcées du personnel. D'ailleurs la rigidité des règlements administratifs ne permettra pas d'obtenir dans les marchés des conditions aussi avantageuses que par le passé et la suppression du travail à la tâche se traduira par une perte. Mais on a prévu une augmentation de recettes de 1.100.000 francs, dont 500.000 environ pour des services jusqu'alors gratuits, et d'ailleurs la Ville exercera un quasi-monopole de fait. Dans vingt ans donc surtout, alors que l'emprunt de quatre millions et demi sera amorti, le bilan annuel des pompes funèbres se soldera certainement par un excédent.

Seulement, ce sera au détriment du public qui, dans cette affaire, est le grand sacrifié. Il paiera cher sa libération vis-à-vis des fabriques, car il tombe sous l'empire d'un autre monopole, celui de la commune, à moins qu'il préfère payer deux fois les mêmes fournitures, une fois à l'industrie privée, une autre fois, sous une forme détournée et à l'aide d'un artifice de tarif, au service municipal. Même en s'adressant exclusivement à celui-ci, les majorations des tarifs lui rendront plus lourde encore une charge déjà très onéreuse. Un enterrement de 5ᵉ ou de 6ᵉ classe coûtait jusqu'ici respectivement 277 et 151 francs pour tout ce qui n'était pas service intérieur de l'Eglise ; il coûte désormais 353 ou 200 francs, soit une augmentation de 76 francs pour la 5ᵉ classe et de 49 pour la 6ᵉ (1).

(1) Voici le détail des fournitures :

	6ᵉ classe		5ᵉ classe	
	1904	1906	1904	1906
Corbillard	27	35	59	71
Berlines	15	25	55	75
Drap.	8	8	9	9
Draperies extérieures de la maison.	47	47	84	84
Cercueil en chêne.	44	54	60	70
4 porteurs	»	14	»	18
Mixture.	10	2	10	2
	151	185	277	329
Plus mise en bière de nuit. . . .	»	8	»	46
Convois hors des heures réglementaires 9, 12 et 3	»	7	»	8
Totaux	151	200	277	353

Voilà le résultat immédiat de la loi : un accroissement des frais imposés aux particuliers. Reste l'éventualité menaçante qu'a mise en relief au Sénat (1) M. Girard : le texte légal met à la portée des municipalités une recette à encaisser sans aucun frais de perception, sans aucune difficulté; n'est-il pas à craindre que, malgré les sages conseils de la circulaire ministérielle, elles y songent pour équilibrer leurs budgets. Nous voulons croire que l'administration parisienne ne cèdera jamais à de pareilles tentations, qu'on ne verra pas établir de surtaxes en cas d'inhumation dans un cimetière éloigné du quartier ou de taxes de sortie si l'inhumation doit être faite hors de la ville (2). Il n'en est pas moins vrai que, pratiquement, le public paie les frais d'une réforme faite surtout pour priver les établissements ecclésiastiques d'une source importante de revenus. Beaucoup estimeront que c'est là question de détail et qu'un tel résultat ne saurait être acheté trop cher. Peut-être quelques esprits chagrins regretteront-ils le temps où le service, rigoureusement surveillé par l'administration, se faisait aussi bien et coûtait moins à ceux (et ceux-là sont tout le monde) qui étaient forcés d'y recourir. Peut-être, aussi, — et nous n'y verrions nul inconvénient, — certains se montreront-ils dès lors moins facilement accessibles à l'idée tant prônée de la municipalisation des services publics. En fait, toute municipalisation se traduit par un surcroît de charges pour les particuliers. C'est là un argument sérieux contre la généralisation d'un tel procédé.

(1) Séance du 21 juin 1904, *J. Off.*, p. 792.

(2) Voir à la Chambre la discussion entre MM. Augagneur et Fleury Ravarin (séance du 27 décembre 1904. *J. Off.*, 1904, p. 3346, col. 3).

HENRY TAUDIÈRE,
Professeur à la faculté libre de droit de Paris.

www.ingramcontent.com/pod-product-compliance
Lightning Source LLC
LaVergne TN
LVHW022313170726
843503LV00006B/2481